変えよう！選挙制度

——小選挙区制廃止、立候補権・選挙運動権を

紅林進 編

ロゴス

まえがき

今年二〇一九年は、統一地方選挙と参議院議員選挙がある。議会制民主主義では、それらの選挙を通して政治に民意を反映させていくが、日本の現行の選挙制度は本当に私たち主権者の民意を正しく反映するものになっているであろうか。

四割の得票で七割もの議席を得るとも言われる、得票率と獲得議席数の乖離の大きい小選挙区制の下で、安倍一強政権が続き、憲法無視の専横政治が行われ、憲法改悪が狙われている。それらの政策に反対し、選挙に勝って政権交代をめざすとともに、このような選挙制度自体を問題にしてゆかねばならない。また立候補に際しての世界一高額な選挙供託金制度や「べからず選挙」といわれるような過剰な選挙運動規制も問題である。立候補や選挙運動は本来、主権者たる市民の基本的権理である。

選挙制度改革を政治家だけに任せてはいけない。彼らは既成の選挙制度の下で当選してきたので、彼らだけに任せていたのでは、彼らや政権与党に都合のよい制度のままであり、真に民意を反映する制度とはならない。従って主権者たる市民の側からの選挙制度に対する関心と働きかけが何よりも重要となる。本書がその一助となれば幸いである。

二〇一九年四月六日　　紅林　進

変えよう！選挙制度──小選挙区制廃止、立候補権・選挙運動権を

まえがき……2

供託金違憲訴訟の意義について……宇都宮健児 7

はじめに 7
1 供託金違憲訴訟の意義 10
A 本件訴訟の原告 10
B 本件訴訟の意義 12
2 貧困と格差が広がっている 14
3 選挙供託金制度の歴史と目的の不当性 15
4 諸外国との比較 17
A 世界一高い日本の供託金 17
B 諸外国の裁判所における供託金違憲判決 17
おわりに 23

選挙制度と公職選挙法の問題点 ……………… 紅林　進 *26*

1　議会制民主主義における選挙制度の重要性 *26*
2　小選挙区制の特徴と弊害 *29*
3　民意を忠実に反映する比例代表制 *31*
4　他の様ざまな選挙制度 *33*
A　大選挙区制、中選挙区制 *33*
B　小選挙区比例代表並立制 *34*
C　小選挙区比例代表併用制 *35*
D　小選挙区比例代表連用制 *36*
E　決選投票、二回投票制度 *36*
5　選挙制度改革へ向けて *37*
A　被選挙権、立候補権を侵害する世界一高額な選挙供託金制度 *37*
B　被選挙権も一八歳に *39*
C　定住外国人の参政権について *40*
D　参政権の内容と選挙運動権 *41*

目　次

E　改革へ向けた運動　43

比例代表制で日本を素晴らしい国にしよう！……田中久雄　49
――北欧諸国をお手本に

1　北欧諸国は日本のお手本　49
2　北欧諸国のパフォーマンスへの国際評価　51
3　国を支える政治の力　54
4　比例代表制を採用する北欧諸国　57
5　なぜ比例代表制は優れているか　60
6　小選挙区制が抱える問題点　62
7　民主主義は比例代表制がふさわしい　65

小選挙区制をより民主的にするために……西川伸一　70
――相対的多数決投票に代わる投票方式の検討

はじめに　70
1　小選挙区制のパラドクス　71

2　フランスの二回投票制　74
3　オーストラリアの優先順位付投票制　77
4　ボルダ投票　81
5　是認投票　85
おわりに　87
付論：前稿「「民意を忠実に反映する選挙制度を！」に寄せて」（紅林編 2018）で示した私案の誤りについて　88
あとがき……………………………………………………91

表紙写真：井口義友（別海）

供託金違憲訴訟の意義について

宇都宮健児

はじめに

日本国憲法前文は、冒頭に「日本国民は、正当に選挙された代表者を通じて行動」する、として「議会制民主主義」を謳っている。そして重要な選挙のルールを定めているのが「公職選挙法」であるが、私は二〇一二年一二月と二〇一四年二月の東京都知事選に出馬してみて、日本の現在の公職選挙法には大きな問題があると感じた。

まず、現在の公職選挙法によれば、都知事選告示後においては、候補者である私の氏名と顔写真の入ったチラシは、東京都の有権者数が一〇〇〇万人を超えているにもかかわらず、三〇万枚までしか印刷・配布することができないことになっている。

候補者の氏名と顔写真が入っていないチラシは、二種類まで認められており、このチラシには枚数制限がない。私の選挙対策本部が出したチラシには、さまざまな政策のほかに、私の支援者と顔写真が掲載されているが、私の氏名と顔写真は掲載されておらず、「東京都知事には日弁連前会長を！」という文書とともに私の経歴が記載されている。このチラシが配布された直後、私の選挙事務所には「候補者の名前と写真がのっていない」「ミスプリントではないか」「ところで日本弁当屋協会の前会長って誰なんだ」などの苦情が殺到したということである。

また、選挙戦の過程で、三鷹市のマンションで私のチラシを配布していた七〇歳の男性支援者が、マンションの住民に通報されて、住居侵入罪容疑で警察に逮捕され書類送検されるという弾圧事件も発生した。通常「ピザ店」や「寿司屋」などの商業ビラの配布で逮捕されることはほとんどないのに、民主主義社会を支える基本的人権である言論、出版、表現の自由が最も尊重されねばならない選挙ビラの配布で逮捕者が出ることは、極めて異常な社会といわねばならない。

わが国の選挙では、諸外国では認められている戸別訪問が全面的に禁止されているため、市民が誰でもできる最も身近な選挙活動に制限が課されているのである。

さらに、都知事選挙に立候補するためには、三〇〇万円の供託金を供託する必要がある。三〇〇万円を用意できない市民は、どれだけ都政改革の熱意があっても立候補できないのである。

なお、現時点におけるわが国の公職選挙における供託金の金額は、①衆議院・参議院選挙、選挙区三〇〇万円、比例区六〇〇万円、②都道府県知事選挙三〇〇万円、③政令指定都市の市長選挙二四〇万円、④その他の市区長選挙一〇〇万円、⑤町村長選挙五〇万円、⑥都道府県議会議員選挙六〇万円、⑦政令指定都市の市議会議員選挙五〇万円、⑧その他の市区議会議員選挙三〇万円、⑨町村議会議員選挙、供託金不要などとなっている。

このように、二度の都知事選立候補の経験から、日本の公職選挙法にはさまざまな問題があり、選挙制度の民主化が、わが国で民主主義社会を築いていく上において重要な課題になっていると考えるようになった。

また、公職選挙法について勉強する中で、現在の公職選挙法のルーツが一九二五年に制定された「衆議院議員選挙法改正法」いわゆる「普通選挙法」にあることがわかった。一九二五年に制定された法律には、あの悪名高き「治安維持法」がある。

したがって、日本国憲法の公布（一九四六年一一月三日）と施行（一九四七年五月三日）に合わせて、戦前の選挙制度も民主化されるべきであったのに、選挙制度については民主化されないまま、戦前の選挙制度が現在の「公職選挙法」の定める選挙制度に引き継がれているのである。

現在の公職選挙法の問題としては、①高額な選挙供託金制度の廃止問題、②得票と獲得した議席数に大きなアンバランスがあることや大量の死票を生み出している小選挙制の問題、③被選挙年齢の引き下げ問題、④日本国籍をもたない在日外国人の参政権の保障問題、⑤障害を持った人の参政権の保障問題、⑥移住者やホームレスの参政権保障問題、⑦戸別訪問の禁止、一八歳未満の選挙運動の禁止、公務員の選挙運動規制、文書図画による運動の規制など「べからず集」と揶揄される選挙運動のさまざまな規制の撤廃問題、などさまざまな問題がある。わが国の選挙制度を民主化するためには、これらの諸問題についての抜本的改革が求められている。

このような問題意識を深めていたところ、二〇一四年一二月一四日に行われた第四七回衆議院小選挙区選挙に立候補しようとしたが、三〇〇万円の供託金を用意できなかったため立候補届を受理してもらえず、立候補することができなかった埼玉県在住の男性から、供託金違憲訴訟の弁護活動を依頼されたため、引き受けることにした次第である。

1　供託金違憲訴訟の意義

A　本件訴訟の原告

私が受任した本件供託金違憲訴訟（以下「本件訴訟」という）の原告男性（提訴当時五六歳）は、二〇一四年一二月一四日に行われた第四七回衆議院小選挙区選挙に立候補しようとしたが、三〇〇万円の供託金を用意することができなかったため、立候補届を受理してもらえず、立候補することができなかった男性である。

原告は、上智大学経済学部を卒業後、長年会社勤めをしていたが、二〇〇九年頃、父親の介護に専念するため、会社勤めを辞めた。会社勤めを辞めた後、以前勤めていた関連会社の契約社員として働き収入を得ていたが、二〇一四年の衆議院選挙があった当時の収入は、二〇一三年の年収が一六〇万円程度、二〇一四年の年収が六〇万円程度であった。

原告は、それまでは普通のサラリーマンであり政治活動を行ってきたわけではなかったのであるが、二〇一一年三月一一日の東日本大震災とそれに続く福島第一原発の原発事故をきっかけに、既存の政治に対する強い違和感や疑念を持つようになった。

また、多くの国民が反対している中、安倍政権が二〇一三年一二月六日特定秘密保護法を強行的に成立させたことで、政府の決定と国民の意思がかけ離れていると強く感じるようになった。

さらに、原告が住んでいるさいたま市の市議会も国政の多数派の意見に追随するばかりで、何ら市民の意見を反映せず、独自の意見を表明していないことにも不満を感じるようになった。

そこで、原告は、「ふつうの市民の声を市政に届けたい」「市民が主役」というスローガンを掲げて無所属で政治活動を始め、最初はさいたま市の市議会議員になろうと考え、二〇一四年には二回市政レポートを自分で作成し、市民に配布したりした。

原告は、当初はさいたま市議会議員を目指していたが、原発事故の発生から持続可能なエネルギー政策への転換や情報公開の徹底の必要性を感じるようになり、より抜本的な政治改革のためにはさいたま市政を変えるよりも国政を変えるべきという考えになり、二〇一四年一一月衆議院が解散されたため、衆議院議員選挙に立候補することを決意した。そして、選挙用ポスターの写真などを準備して、埼玉県庁にある選挙管理委員会室に供託証明書以外の全ての書類を提出したが、立候補届の受理はされなかった。

そこで、原告は私に依頼して、供託金違憲訴訟提起することにしたのである。

B　本件訴訟の意義

本件訴訟は、真剣に国政を変えようと考えて国政選挙に立候補しようと思っても、原告のように供託金が準備できない国民の立候補の自由を奪っている、わが国の選挙制度における高額な選挙供託金制度の違憲性を問う裁判である。

被選挙権すなわち立候補の自由は、「選挙権の自由な行使と表裏の関係にあり、自由かつ公正な選挙を維持するうえできわめて重要」であり、憲法一五条一項により保障された権利である。このことは、最高裁判所の判例からも明らかである。すなわち、最判一九六八（昭和四三）年一二月四日大法廷判決（三井美唄炭鉱事件判決）は、「立候補の自由は、憲法一五条一項の保障する『重要な基本的人権の一つ』と認めた上で、『これに対する制約は、特に慎重』でなければならない」と述べ、立候補の自由（被選挙権）の重要性を強調している。

また、憲法一四条一項は「法の下の平等」を定めており、さらに憲法四四条但書においては、両議院の議員及びその選挙人の資格は「財産または収入によって差別してはならない」と定めている。選挙供託金制度は、これらの憲法の規定に違反していることは明らかである。

本件訴訟は、わが国の世界各国と比較しても異常に高い選挙供託金制度の問題点を明らかにし、個人の財産・収入の多寡に関係なく、誰もが国政にチャレンジできるようにするために、選挙供託金制度の廃止又は供託金の大幅な引き下げを求めるために提起されたものである。

日本国憲法前文には、日本国民は、「正当に選挙された国会における代表者を通じて行動し、〈中略〉ここに主権が国民に存することを宣言し、この憲法を確定する」。「そもそも国政は、国民の厳粛な信託によるものであつて、その権威は国民に由来し、その権力は国民の代表者がこれを行使し、その福利は国民がこれを享受する」として、国民主権原理と議会制民主主義による政治制度を謳っている。

議会制民主主義の下では、多様な国民の声が政治に反映されることが求められているが、選挙供託金制度により立候補の自由が制限されることになれば、多様な国民の声が政治に反映されなくなり、議会制民主主義は形骸化してしまうことになる。したがって、選挙供託金制度の廃止又は高すぎる供託金の大幅引き下げは、健全な議会制民主主義の発展のために求められているものである。

2　貧困と格差が広がっている

わが国では貧困と格差が広がり、原告のように国政選挙に立候補しようと思っても高額な供託金を用意できず、立候補できない人が増えている。

厚生労働省が二〇一七年六月に発表した二〇一五年におけるわが国の相対的貧困率は一五・六%となっており、国民の六人に一人が貧困状態に陥っている。また、ひとり親家庭の貧困率は五〇・八%となっており、二世帯に一世帯が貧困状態に陥っている。相対的貧困率とは、「全国民の等価可処分所得の中央値の二分の一未満の人の割合」をいうものであり、二〇一五年の等価可処分所得の中央値は年二四五万円なので、年一二二・五万円未満が貧困ラインということになる。

わが国における貧困と格差拡大の背景には、わが国の脆弱な社会保障制度と非正規労働者・働く貧困層（ワーキング・プア）の拡大がある。非正規労働者数は今や二〇〇〇万人を超え、全労働者の約四割近くとなっている。非正規労働者が増加する中で、年収二〇〇万円未満の低賃金労働者は一二年連続で一〇〇〇万人を超えている。さらに、一六〇万人近く存在する失業者のうち、失業保険を受給しているのは失業者の二割程度であり、失業者の約八割は失業と同時に無収入となっている。

また、年金だけでは生活できない高齢者が急増してきており、生活保護利用世帯の約五割が高齢者世帯となっている。さらに、国民健康保険料を支払うことができない滞納世帯が三三六万世帯（全世帯の一六・七％）に上っており、貯蓄が全くない貯蓄ゼロ世帯は全世帯の三〇・九％に上っている（二〇一五年）。貧困と格差が拡大する中で生活に困窮する人が増えており、生活保護利用世帯は一六四万世帯、生活保護利用者は二一二万人に上っている（二〇一七年）。

国政選挙に立候補しようと思っても、貧困状態に陥っている国民にとっては自分の年収を大幅に上回る高額な供託金を準備するのは、極めて困難である。現在の日本社会は、貧困と格差が拡大する中で、世界的にみても極めて高額な選挙供託金制度によって立候補の自由（被選挙権）を奪われた人々が大量に存在する社会となっているのである。

3　選挙供託金制度の歴史と目的の不当性

わが国の選挙供託金制度は、一九二五（大正一四）年の「衆議院議員選挙法改正法」いわゆる「普通選挙法」から始まっている。この時に同時に成立した法律の中には、戦前数多くの人権弾圧事件に利用された「治安維持法」がある。

この普通選挙法により、それまでの納税額による制限選挙から納税要件が撤廃され、日本国籍を持ちかつ内地に居住する満二五歳以上の全ての成年男子に選挙権が与えられることになった。しかし、普通選挙法では、同時に極めて高額な選挙供託金制度が導入された。

普通選挙法で極めて高額な選挙供託金制度が導入された表向きの理由は、売名候補者または泡沫候補者の立候補を抑制し、選挙の混乱を防ぎ、選挙を誠実厳正に実施するためと説明されてきた。

しかし、供託金の額は二〇〇〇円（当時の公務員初年俸の約二倍）と高額であったことからも明らかなように、無産政党（無産者）の議会進出を抑制することが真の目的であった。この選挙供託金制度が戦後においてもそのまま残存し、現在に至っているのである。

そもそも売名候補者や泡沫候補者を排除するか否かは、国民主権の民主主義国家であれば、有権者の判断に委ねるべきである。高額な供託金制度で売名候補者や泡沫候補者を排除しようとすること自体、国民の選挙権と被選挙権を侵害し、議会制民主主義の劣化につながるものである。さらに、排除に値すべき「泡沫候補者」自体がそもそも存在するかどうかも疑わしいことである。泡沫候補者の排除は、社会的・経済的弱者の政治参加の機会を不当に制約する危険を生むものである。また、売名候補者の排除に関しても、供託金を失う不利益より、売名による宣伝効果の利益が上回ると考えるならば、その効果は期待できないものである。

4　諸外国との比較

A　世界一高い日本の供託金

本件訴訟提起後、供託金違憲訴訟弁護団が諸外国の選挙供託金制度について調査したところ、多くの先進国が加盟しているOECD（経済協力開発機構）加盟三五ヵ国中、二三ヵ国が選挙供託金制度がなく供託金ゼロで立候補できることが判明した。また、選挙供託金制度の存在する一二ヵ国に関しても大半の国が供託金は一〇万円以下であり、衆議院・参議院の小選挙区の供託金が三〇〇万円、比例区の供託金が六〇〇万円という日本の供託金額は、供託金制度のある国の中でも、突出して高いということが判明した。

G7（主要七ヵ国首脳会議）サミット参加国中、アメリカ、ドイツ、フランス、イタリア、カナダは選挙供託金制度がなく、イギリスの供託金は約七万円である。

B　諸外国の裁判所における供託金違憲判決

弁護団が諸外国の選挙供託金制度について調査する過程で、比較的最近、いくつかの国において裁判所で供託金の違憲判決が出されていることがわかった。弁護団の調査で分った諸外国の裁判所における供託金違憲判決の内容を紹介する。

①韓国憲法裁判所判決（二〇〇一年七月一九日）

韓国憲法裁判所は、二〇〇一年七月一九日、当時二〇〇〇万ウォン（日本円で約二〇〇万円）の供託金の納付を義務付けた法律が、国民の参政権を制約するとして違憲判決を言い渡した。韓国憲法裁判所は、違憲判決を言い渡した理由について次のように述べている。「二〇〇〇万ウォンという金額は、平均的な一般国民の経済力からは被選挙権行使のためにたやすく調達することができる金額ということはできず、この金額はわが国の大多数の国民にとって国会議員立候補を放棄させる作用をする大きな金額である。低所得層や二〇代、三〇代前半の若い層ではそれ自体として大きい金額であり、ある程度の経済的安定を受ける中産層の立場でも国会議員の立候補の対価としての二〇〇〇万ウォンという金額はある程度負担感を感じる額である」。「こうした問題は、単に立候補志望者個人の次元にとどまらず、階層や世代の次元まで拡大する。過度の供託金は財力がない庶民層や若い世代から立候補者となることを困難とし、これは庶民層や若い世代を代表する者が国民の代表機関たる国会に進出することをできなくする意味がある。これらの階層は、わが社会の根幹をなす重要な階層である。また、これらが政治的に大部分、代表となることができないから、これは代議制の原理に反し、多元性を核心とする民主主義精神にも本質的に反することになる」。「二〇〇〇万ウォンという一律的供託金は、財力が豊富でこの程度の金を容易に調達・活用することができる人たちには立候補乱立防止の効果を全く達せられない。結局供託金の設定は、この供託金に負担を感じる人には立候補抑制の効果を持つ一方、何の負担を感じない人の立候補乱立防止には何の助けにもならない。したがって、財力のない真正な立候補志望者の機会だけを剥奪することになる」。「かりに供託金二〇〇〇万ウォンが大多数の立候補志願者に過重な負担ではないとしても、そのように立候補志願者として二〇〇〇万ウォンの供託金を準備することができず立候補を放棄せざるを得ない人たちが少数にとどまるとしても、そのような少数者の機会を剥奪することは正当ではない。一部少数層の参政権制限は、問題となることがないれっきとした多数決の原理による支配が政治過程において必然的に発生する『疎外される少数者』たちの人権を憲法保障の死角地帯に放置する結果になり、結局憲法の基本権保障の精神と食い違うものである」。

この韓国憲法裁判所の判決は極めて格調の高い供託金違憲判決といえる。わが国の裁判所も大いに参考にすべき判断である。この憲法裁判所の供託金違憲判決の後、韓国国会は選挙法を改正して、供託金額を一五〇〇万ウォン（日本円にして約一五〇万円）に引き下げている。

②アイルランド高等法院判決（二〇〇一年七月三一日）

二〇〇一年七月三一日、アイルランド高等法院において、アイルランド下院議員選挙及び欧州議会議員選挙に立候補する際に、それぞれ、三〇〇アイルランドポンド（日本円にして約五万円）

及び一〇〇〇アイルランドポンド（日本円にして約一七万円）の供託金の納付を義務づける選挙法について、違憲判決が下されている。

本判決の原告は、熱心に政治活動を行ってきたものの、供託金の支払ができなかったため、下院議員選挙及び欧州議会議員選挙の候補者名簿への登載を拒否された男性である。

本判決では、供託金の納付を義務づける選挙法の各規定が、参政権を定めた憲法一六条一項および平等権を定めた憲法四〇条一項に違反すると判断している。

国民の被選挙権を保障したアイルランド憲法一六条一項一号は、「二一歳になった市民であって、この憲法または法律により欠格または無能力とされていない全ての者は、性別のいかんにかかわらず、下院議員となる資格を有する」と定めている。また、平等権を規定したアイルランド憲法四〇条一項は、「全ての市民は、人間として、法の前に平等であるとみなされるものとする。この規定は、国が制定する法令において、身体的および精神的能力の差異ならびに社会的役割の差異を適切に考慮してはならないことを意味するものではない」と定めている。

アイルランド高等法院は、原告となった男性について、一九八〇年頃から現在まで失業中であり、現在も、選挙当時も非常に困窮した状態にあったため、法律で定められた供託金を用意することができないと認定している。そして、原告の失業と困窮状態は原告が意図的に招いたものでも、原告の不作為によるものでもないと認定している。

原告は、下院議員および欧州議会議員に立候補する適格を有する市民であったが、供託金の支払ができなかったというただ一つの理由から、自分の名前を投票用紙に搭載してもらうことができなかった。裁判所は、このような状況にある原告に法定の供託金を課すことは、原告から憲法で保障されたこれら国家機関への選挙に立候補する権利を剥奪するという点で、原告に対する権利侵害という結果をもたらしたと判断した。

この訴訟では、被告の国は、選挙供託金制度の目的として、浅薄または嫌がらせ目的の人々による濫用および商用その他の不適切な私的利用から選挙制度を守る点にあると主張し、それを裏付けるためにある大学教授を証人として申請している。

この大学教授は、国側の証人として「過度に、多くの国民が下院議員選挙に出馬すると、国家の民主主義的性格を揺るがす」「投票用紙に多くの名前が存在することは、有権者を混乱させる」「開票作業は、候補者の増加に伴い長期化し、また、候補者の増加によって、再集計も増加し、長期化する」というような証言をしている（なお、ほぼ同じような主張を本件訴訟において被告国側も主張している）。

しかしながら、このような被告国側の証人の証言について、アイルランド高等法院は、「供託金の規制がなければ、過度に多くの国民が下院および欧州議会選挙に出馬し、選挙制度を圧倒し、下院議員選挙では、国家の民主的性質を揺るがす」という議論は、そのように主張する国側証人の大学教授の意見にすぎず、なんらの証拠による裏付けがないと断じている。

アイルランド高等法院の判決では、被選挙権およびこれに対する制限について、「国の立法府への の選挙に立候補するという、全ての成人国民が有する権利は、民主主義国家にとって不可欠な要素である。したがって、憲法によって国民議会に与えられた、下院議員について国民を欠格または無能力とする権限については、それを行使することは制限されている」と判示している。

このアイルランド高等法院の判決が確立したことを受けて、アイルランド国会は判決後直ちに選挙法を改正し、下院議員選挙において政党に属さない独立候補については、供託金に代えて三〇人の支援者の署名で足りる、欧州議会選挙においては、六〇名の署名で代替できるとする法改正を行っている。

③カナダアルバータ州高等裁判所判決（二〇一七年一〇月二五日）

カナダでは、一〇〇〇カナダドル（約八万二〇〇〇円）の選挙供託金制度が設けられていたが、カナダのアルバータ州の高等裁判所は二〇一七年一〇月二五日、一〇〇〇カナダドルの供託金について規定した法律の条項が、カナダの憲法を構成する「権利および自由に関するカナダ憲章」において、参政権を保障した同憲章第三条に違反し、違憲であるとの判決を下した。

この判決を受けて、カナダの選挙管理委員会は、全国一律に供託金制度を廃止すると宣言した。その後、カナダ政府の民主制度担当大臣が声明を発し、この判決に対して控訴しない意向を明らかにした。したがって、カナダは、現在は選挙供託金制度は廃止されており、供託金ゼロで立候補できる国になっている。

アルバータ州の高等裁判所の判決の内容は、以下のとおりである。

選挙供託金制度に変更があった場合、候補者数がどの程度増加するのかという点についての被告（国）の主張について、そのうち何人が浅薄な候補であるかは全く特定できていないとして、供託金要件が、一〇〇〇ドルを支払えない人以外に対して、何らかのフィルターとして機能する議論にはほとんど意味がないと断じている。また、「真剣さ」について、「真剣さ」は資力で測れないし、これを定義することもできない、としている。

そして、真剣でない候補者を抑止することによる有益性と真剣であるが経済的に困難な候補者から意見表明の機会を奪うという有害性を比較すると、比例原則を満たさないと判断し、供託金要件条項は憲法違反で無効であると断じている。

おわりに

わが国の選挙供託金制度は、多くの国民から立候補の自由（被選挙権）を奪うものであり、憲法一四条一項、憲法一五条一項、憲法四四条但書に違反して違憲無効である。また仮に選挙供託金制度自体が違憲無効でなくても、諸外国と比較しても異常に高額なわが国の供託金は違憲無効である。

高すぎる選挙供託金制度は、大量の世襲議員を生み出す要因にもなっている。現在の国会議員の三割以上が世襲議員であると言われている。今や、「政治家」が「家業」となる事態が生じているのである。世襲議員の増加と低所得層の国民からの立候補の自由の剥奪は、国政選挙の投票率の低下を招く要因ともなっている上、多くの国民の声が国会に反映しにくい政治の劣化、議会制民主主義の劣化を招いている。

また、高すぎる選挙供託金制度は、既成政党や既成政治家に有利な選挙制度となっている。選挙制度に関し国会にあまりにも広範な裁量を認めるということは、既成政党や既成政治家に有利である一方で、一般の国民・市民が政治参加する上では大きな参入障壁となっている高額な供託金制度を温存することにつながっている。

憲法四七条は「選挙に関する事項は、法律でこれを定める」として選挙制度に関し国会に一定の裁量を認めているが、国会の裁量といっても、法の下の平等を保障している憲法一四条一項や立候補の自由を保障している憲法一五条一項、被選挙人の資格について「財産又は収入による差別」を禁止している憲法四四条但書に違反してはならないことは当然のことである。

三権分立制度下の司法の役割は、憲法が保障する国民・市民の基本的人権を守るという視点から、行政と立法をチェックするところにある。選挙権に関する「一票の格差問題」に関しては、このところの司法の積極的な判断が、国会を動かしつつある。

個人の財産・収入の多寡に関係なく全ての国民に参政権すなわち立候補の自由（被選挙権）を保障することは、政治の劣化を防ぎ健全な議会制民主主義を維持することにつながる。

わが国が国民主権の民主主義国家を目指すのであれば、国民・市民の多様な声を国政・地方政治に反映させるために、選挙供託金制度は直ちに廃止されるべきである。

選挙供託金制度の廃止は、公職選挙法が定めているわが国の選挙制度の民主化に向けての突破口になるものと確信している。

本件訴訟は、わが国の民主主義が問われている訴訟であるとともに、わが国の司法のあり方が問われている訴訟でもある。

選挙制度と公職選挙法の問題点

紅林　進

1　議会制民主主義における選挙制度の重要性

住民が直接、意思決定に参加する直接民主主義は重要であり、その要素をできるだけ取り入れるべきではあるが、巨大化し、複雑化した現代社会では、議会制民主主義、代議制度という間接民主主義が中心にならざるを得ない。

日本国憲法は、その前文の「日本国民は、正当に選挙された国会における代表者を通じて行動し」で始まる。まさに議会制民主主義、代表制民主主義を規定している。

しかし間接民主主義は、主権者の意思が直接そのまま反映されるのではなく、議員や首長という「代表者」を通した決定である以上、常に主権者の意思と代表者による決定の間に齟齬、乖離が生じる可能性がある。ルソーは『社会契約論』において、イギリスの代議制を批判して、「彼らが自由なのは、議員を選挙するときだけで、議員が選ばれてしまうと、彼らは奴隷になる」と書いたが、「奴隷」は別としても、議員があたかも有権者の上に立つような倒錯した意識、権力関係さえ生じさせてしまう。議員は有権者の「代表者」として、有権者から相対的に独立した判断も可能とされ、有権者の意思に背くことも起こりうる。公約違反の正当化にも使われる。生活者ネットなどは、この「代表制」の問題点を批判して、自分たちの出した議員は、あくまで自分たちの「代理人」だとして、選出母体からの乖離を防ごうとしている。

主権者の意思を無視して議員や首長が暴走したり、公約違反をしたりすることを防ぐためには、彼らに対する有権者の解職・解散請求（リコール）[1]が広範囲に認められるべきであり、日本の現行法においても一定認められている。ただし議員に対する解職請求（リコール）は注意が必要で、多数派による少数派の排除に使われないよう、一定の要件の明確化が必要である。

また住民投票や国民投票などのレファレンダム（国民表決）[2]やイニシアティブ（住民発案、国民発案）[3]などの、直接民主主義的方法の拡充も必要である。

議会制民主主義にとっては、議員や首長という「代表者」を誰が、どのように選ぶかという選挙制度が極めて重要な要になる。そこでは、民意を忠実に反映、集約する選挙制度が必要となる。選挙制度のあり方によっては、民意を歪め、少数派、少数意見を切り捨てることにもなりかねない。ただ「民意を忠実に反映、集約する」といっても、矛盾する側面もある。「集約する」ということは、

「集約」されない意見を切り捨てることにもなるからである。「民意を忠実に反映」に重点を置いた制度が比例代表制であり、極端に「民意を集約」する制度が、小選挙区制であるとも言える。

なお大選挙区制、中選挙区制、小選挙区制というのは選挙区の大きさではなく当選できる人数による区分である。例えば都道府県単位の知事選挙や全国を一選挙区とする大統領選挙なども当選者が一人という意味で小選挙区制に当たる。また定数が複数名の場合、投票用紙に一名のみを記載する単記制と複数名を連記することができる連記制という方式の違いもある。定数より連記できる候補者の数が少ない場合には制限連記制という。日本では、一九四六年の第二二回衆議院議員総選挙で、定数一〇以下の選挙区では二名連記、定数一一以上の選挙区では三名連記という制限連記制が行われたことがある。

なお移譲式投票とは、投票した候補者が落選したり、当選に必要な票を超えた場合、投票者が予め付けた優先順位に基づき、その票を順次移譲してゆく方式で、「死票」[4]を減らすことができる。その意味で比例代表制と同じ効果を持つが、政党名簿方式の比例代表制と異なり、投票者は政党の届け出比例名簿を越えた判断を下すことができる。なお単記移譲式投票は英語圏諸国で採用されている例が見られ、ヨーロッパ大陸から広まった政党名簿比例代表との対比で、「イギリス式比例代表制」と呼ばれることもある。このような移譲を行わない方式を非移譲式投票と呼び、日本の現行の衆参両院の選挙区選挙は単記非移譲式である。

次に、議員や首長をどのように選出するかであるが、その方法（狭義の「選挙制度」）は、相対的に多数票を獲得した者一名を当選させる「小選挙区制」と複数名当選させる「大選挙区制」（わが国でかつて行われていた、概ね三名〜五名を当選させる「中選挙区制」も大選挙区制の一種）、そして獲得票数に応じて議席配分を決める「比例代表制」に大きく分けられる。そしてそれらの組み合わせなどがある。

2　小選挙区制の特徴と弊害

小選挙区制とは、選挙区ごとに相対的に多数票を獲得した者一名を当選させる選挙制度で、一名のみが当選する首長選挙や大統領選挙などもこれに当たる。英国の下院や米国の下院、上院など多くの国で採用されており、古い歴史を持つ。(5)

日本では長らく中選挙区制が続いてきたが、一九九四年の公職選挙法改正で衆議院議員選挙において「小選挙区比例代表並立制」という形で、「小選挙区制」が導入され、一九九六年の衆議院総選挙から実施された。現行の参議院議員選挙における一人区も事実上の「小選挙区制」である。(6)

この小選挙区制は、細川内閣時の一九九四年に、それまでの中選挙区制による派閥中心の政治を打破する、金のかからない、腐敗の少ない選挙をめざすという名目で、そして二大政党化を促し、政権交代を可能とする選挙制度として、マスコミを含めて喧伝され、導入されたものであるが、この間、その弊害が明らかになってきた。

小選挙区制の最大の問題は、多くの「死票」を生み、各政党の得票数・得票率と議席数・議席配分の大きな乖離を生み、少数派の主張や意見、利害を切り捨てることになり、民意をゆがめて代表させるという根本的問題を抱える。価値観の多様化した今日、社会の多様な意見や利害が政治に反映されにくくなる小選挙区制という選挙制度は問題である。得票率四割で、七割〜八割もの議席を獲得するといわれ、二〇〇五年の英国下院の総選挙では、第一党と第二党の得票率の差が、二・二八％しかなかったにもかかわらず、議席数では一五七議席もの差が生じた。わが国では衆議院議員総選挙で、小選挙区比例代表並立制が導入されて以降、度々、死票が五割を超えている。

小選挙区制の特徴や利点として、多数派の意見を集約し、代表させ、二大政党化を促し、政局を安定させ、かつ政権交代を可能にする、派閥政治や金権選挙を抑制するといわれたが果たしてそうであろうか。

確かに小選挙区制（小選挙区比例代表並立制）導入後、二〇〇九年に民主党政権が誕生し、政権交代が実現したが、二〇一二年の民主党政権崩壊以降、野党の分立と自民党（与党自民党・公明党）一強の専横政治が続いている。

また中選挙区制時代に自民党内で力を持っていた派閥の力は弱まったが、その代わり、党執行部の力が強化された。米国のように、党の候補者を決定するに当たって予備選挙を行う場合は別であるが、党執行部が候補者の公認権や資金配分の権限を強く握っている日本では、小選挙区制は党執行部への権限や力の集中をより強化する。かつての中選挙区制の下においては、自民党では派閥の領袖に力が分散したが、公認権や資金配分の権限を党執行部に握られている現状では、所属議員が党執行部の意向に反旗を翻すことは困難である。それが現在の自民党内における安倍一強を支えている一つの要因でもある。

3　民意を忠実に反映する比例代表制

比例代表制は、政党が候補者のリストを用意し、そのリストに基づいて有権者は投票し、その比例投票の得票数（得票率）に比例して、各政党の議席配分を決める。そのため、各政党の得票率と獲得議席数の乖離は非常に少なくなり、死票もほとんど生じない。全国を単位とする比例代表で、その乖離と死票が最も少なくなり、地域による一票格差も生じないが、比例代表の地域単位を小さくすれば、多少の乖離や死票、地域による一票格差も生じるが、小選挙区制に比べれ

ば、それは著しく少ないものとなる。(7)

民意を忠実に反映させるという選挙制度の根本を考えるならば、そして政党政治を基本とする現代の議会制民主主義においては、また価値観の多様化した、様々な社会的要求や利害、政治的主張を議会に反映させるためには、比例代表制を基本とするべきだと私は思う。

なお比例代表選挙において、一定の得票率に達しない政党を当選枠から排除する「阻止条項」とか「足きり条項」と呼ばれる制限を設けている国も多いが、私は、少数派、少数政党排除という意味で、これは問題だと思う。

確かに比例代表制を採用している国では、小党分立する可能性が高く、二大政党にはなりにくいが、長らく比例代表制を採用してきたスウェーデンでは、社会民主労働党が約百年間にわたって安定した第一党を維持してきた（ただし近年においては、必ずしもそうではないが）。また多党分立でも連立政権を組めば、多様な意見を尊重しつつ、必ずしも、政治が不安定になるわけではない。(8) 価値観や利害の多様化した今日、有権者の選択肢を事実上、二大政党に限定してしまうことは好ましくないし、現実的でもない。

ところで各政党は比例代表候補者のリストを作成する際、候補者に順位を付けることができる。その順位に基づいて、当選者を決める方式を拘束名簿式比例代表制といい、その順位にかかわらず、名簿の中から、有権者が個人名を選ぶことができ、多数の票を獲得した者から当選させてゆくものを非拘束名簿式比例代表制という。前者はわが国の衆議院議員選挙の比例選挙において、後者は参議院議員の比例選挙において採用されている。後者の方が有権者が個人を選択でき、その意思を反映できるので、私は後者の方が望ましいと考える。もっとも後者は個人名で投票できるため、同一政党内候補者間の票の奪い合いや有名人やタレントなどを比例の候補者にして大量得票を図り、その政党全体の比例票の拡大を図るなどの弊害も生じる。

なお比例代表制は政党中心の選挙制度のため、無所属候補を排除したり、個人としての立候補の権理(9)を奪うのではないかとの懸念も出されるが、無所属や個人でも一人会派として、立候補できるようにすれば、その懸念は解消される。あるいは別に無所属候補枠を設けるとか、後述する小選挙区比例代表併用制にして、小選挙区には無所属でも立候補できるようにすれば解決できる。また、比例代表制の選挙戦では政党間の政策をめぐる議論が中心となる。これは好ましいことである。

4　他の様ざまな選挙制度

A　大選挙区制、中選挙区制

大選挙区制とは一選挙区当たり複数名を選出する選挙制度である。その内、概ね三名～五名を当選させるものを日本独自の呼称として「中選挙区制」と呼ぶ。日本では、衆議院議員選挙では小選挙区比例代表並立制の導入以前、長い間、中選挙区制が用いられてきた。また一九四七年〜一九八〇年まで、参議院議員選挙では、全国一選挙区で個人名で投票する大選挙区制である、全国区選挙が行われた。

大選挙区制（中選挙区制も）では、小選挙区制より死票が少なくなり、少数派もそれなりに当選できる。しかし小選挙区制よりも、地域との密着性や有権者と候補者の距離が遠のくこと、広範囲にわたるため、多額の選挙費用を必要とすること、同一政党内における同士討ち問題が起きてしまうことなどを生じ、派閥政治や金権腐敗選挙の温床になると批判された。

しかし小選挙区制の弊害が露わになった今日、中選挙区制の復活を求める声もある。

B　小選挙区比例代表並立制

比例代表制と小選挙区制を組み合わせた方式には「小選挙区比例代表並立制」、「小選挙区比例代表併用制」、「小選挙区比例代表連用制」などがある。

小選挙区比例代表並立制は「小選挙区」による選出と「比例代表」による選出が独立して[10]「並立」している選挙制度であり、衆議院議員選挙における現行の選挙制度。「小選挙区」部分においては、「小選挙区制」の弊害がそのまま現れる。細川内閣時の一九九四年の公職選挙法改定で衆議院議員選挙に小選挙区比例代表並立制がそれまでの中選挙区制に代わり導入され、一九九六年の総選挙から実施され、現在まで続いている。小選挙区と比例代表の比率は、当初、小選挙区定数三〇〇、比例代表定数二〇〇であったが、その後、比例の定数が削られ、より小選挙区制の色彩が強まっている。なお参議院議員に関しては、一九八三年の通常選挙以来、一人区つまり小選挙区と複数の定員の中選挙区からなる選挙区と比例代表の並立制である。

C　小選挙区比例代表併用制

「比例代表」により、各政党の議席配分を決め、その議席配分に基づき、各党の小選挙区での当選者を優先して当選させてゆく選挙制度。各政党の比例配分の議席数が小選挙区の当選者を上回った場合は、比例名簿に沿って順に当選させ、小選挙区の当選者が比例配分議席を上回った場合は、小選挙区の当選者は必ず議席を得るため、定数を超える超過議席が生ずる。ドイツ下院やニュージーランドなどで採用され、最近では韓国でもこの選挙制度の導入が議論されている。

この選挙制度は、比例代表により議席配分を決めるため、基本的には比例代表制の一種といってよいが、有権者は小選挙区の身近な候補を選ぶことができ、また小選挙区においては、無所属でも立候補でき、当選することも可能で、個人の立候補権も奪わない。

D　小選挙区比例代表連用制

小選挙区比例代表併用制の一種といってもよいが、超過議席が生じないように工夫した選挙制度で、並立制か併用制化が議論された際、一部で主張された。

E　決選投票、二回投票制度

小選挙区制ではあるが、その弊害をより少なくするものとして、フランスなどで行われている、決選投票、二回投票制がある。この方式では、フランスの大統領選が有名である。第一回投票で有効投票総数の過半数を獲得した候補がいない場合、上位得票二者による、決選投票を行い当選者を決める。その過程で、政治的意思が集約されるとともに、三位以下の候補者や政党の支持者を取り込むため、その主張や意思を取り込んだり、より多くの支持を得られるように、政策に幅を持たせる等の配慮が働くことになる。第一回投票で、首位の得票をした候補に投票した者以外の票もそのまま死票となるのではなく、再選択の機会を与えられる制度でもある。相対多数となっても、多くの国民が望まない候補を当選させないためにも使われる。過去には極右候補を当選させないために、決選投票で、左派が保守候補に投票したこともあった。

なお日本においても、一九四二年から一九五二年に、地方自治体の首長選挙で実施された例があり、そこでは法定得票数（有効投票数の八分の三）を満たさない場合に限り、二回投票制が導入され、都道府県知事や市町村長の選挙での実施もその時期には少なくなかった。一九五二年に法定得票数が有効投票数の八分の三から四分の一に引き下げられるとともに、この方式は廃止され、再選挙制に移行した。

しかし都道府県知事や政令指定都市などにおける首長選挙については、改めて上位二者による決戦投票制度の導入も検討されてよいと、私は思う。

5　選挙制度改革へ向けて

A　被選挙権、立候補権を侵害する世界一高額な選挙供託金制度

日本の現行の公職選挙法九二条では、国政や地方議会の議員（町村議会議員を除く）や地方自治体の首長の選挙に立候補しようとする場合、高額な選挙供託金（例えば衆議院・参議院の選挙区では三百万円、比例区では六百万円）を供託しないと立候補できない。しかも一定の得票をしないと、それは没収されてしまう（同法九三条）。選挙供託金という制度が全くないか、あっても少額な国々が多い中で、三〇〇万円、六〇〇万円という金額は世界一高い、異常な高額である(11)。格差社会が広がり、低所得者や貯金のない世帯が拡大する中で、このように高額な選挙供託金制度は、財産や収入によって、実質的に、立候補権を差別・制約・排除するものになっている。

そして日本国憲法第四四条但し書の（両議院の議員及びその選挙人の資格は）「財産又は収入によつて差別してはならない」とする明文規定にも明らかに反するものである[12]。

また憲法第一四条の「法の下の平等」の規定に反するものでもあり、さらに憲法第一五条では、「公務員の選挙について、成年者による普通選挙を保障する」とあるが、「普通選挙」を選挙権のみならず、被選挙権をも含めて考えるならば、高額な選挙供託金は実質上「財産または収入」による制限となり、「普通選挙」ではなく、「制限選挙」になり違憲である。

なお選挙供託金は、「泡沫候補者を防ぐことや売名候補者を排除すること」を名目にして、その必要性を述べられることがあるが、泡沫候補者かどうかは有権者が判断することであって、資力によって判断すべきでないし、制限すべきでない。スイスなど諸外国の一部で行われているように、立候補するにあたって、一定数の署名を集めるという方法もある。普通選挙実現以前の「制限選挙」がまさに納税額によって制限されていたことを考えるならば、資力によって制限することは、本来やってはいけないこと、最も避けるべきことである。

日本において、選挙供託金制度が導入されたのは、一九二五年（大正一四年）の男子普通選挙の法制化とセットであった。それまでの納税額によって選挙権が制限されていた「制限選挙」を撤廃して、平等な「普通選挙」の実現を求める「普選運動」が大正時代に盛り上がり、その力を無視できなくなった時の政府は男子普通選挙を法制化せざるを得なくなったが、この労働者・民衆にまで拡大した選挙権の拡大に怯えた政府は、無産政党の議会進出を阻止するために、高額な選挙供託金制度、過度な選挙運動規制、そして治安維持法の導入・制定という三点セットで、予防措置を講じた。敗戦により、治安維持法こそ廃止されたものの、過度な選挙運動規制と高額な選挙供託金制度は、今日まで残り、引き継がれ、市民の自由な政治参加を妨げ続けている。

選挙権については、一九二五年の男子普通選挙と戦後改革による女性参政権の獲得により、財産・収入による制限・差別を受けない「普通選挙」が実現したが、被選挙権については、高額な選挙供託金制度という財産・収入による実質上の制限・差別が戦後も続いており、いまだ「普通選挙」が実現していないといえる。その意味で、高額な選挙供託金を撤廃するための運動は「現代における普選運動」とも言える。本書収録の宇都宮健児氏の「供託金違憲訴訟の意義について」に詳しく書かれているように、宇都宮弁護士を弁護団長として、この選挙供託金制度に対する違憲訴訟が現在まさに闘われている。

B　被選挙権も一八歳に

選挙権の年齢は、二〇一五年（平成二七年）の公職選挙法の改正により、それまでの二〇歳から一八歳に引き下げられたが、被選挙権については、引き下げが行われず、そのままである。つまり衆議院議員と都道府県議会議員、市町村長、市町村議会議員については満二五歳以上、参議院議員と都道府県知事については満三〇歳以上である。本来、選挙権と被選挙権は一体、あるいは表裏関係にあるものであり、投票するだけで、自ら立候補できないのはおかしい。シールズなどの若者が、政治を変えるために投票に行こうと呼びかけても、彼ら自身は二五歳未満であれば、立候補すらできないのである。二五歳未満の若者は同年代の代表を議員にしようとしてもできないのである。国際的にも、被選挙権年齢を一八歳などの選挙権年齢と同じにしている国も多い(13)。被選挙権も選挙権同様一八歳に引き下げるべきである。

なお選挙権、被選挙権を有効に行使するためには、政治に対するそれなりの知識や関心も必要であり、それには主権者教育の充実と、幼少期から政治的話題や関心にタブーを設けず、学校教育や家庭の中でもフランクに話し合えることが必要である。

C　定住外国人の参政権について

定住外国人も、地域住民として日本人同様生活しているのであり、税金も同様に支払っている。少なくとも地方参政権は与えるべきである。諸外国では、外国籍市民に地方参政権を与えている国も北欧諸国を始め少なくない。

取り分け日本においては、かつて植民地支配をした台湾および朝鮮半島出身者を強制的に日本国籍にして、戦後はその日本国籍を一方的に奪ったという歴史がある。彼らやその子孫である「特別永住者」については、国政、地方参政権とも、選挙権、被選挙権を与えられてしかるべきである。[14]

なお日本国憲法第一五条では「公務員を選定し、及びこれを罷免することは、国民固有の権利である」と定めているため、この条文が日本国籍を持たない者の選挙権を否定する論拠とされてきたが、憲法第一〇条では、「日本国民たる要件は、法律で定める」としており、旧植民地出身者の国籍を法律ですらない一片の通達[15]で奪ったことを考えると、憲法を改正せずとも、彼らに法律で国籍を与えることも、「選挙権、被選挙権については、日本国民とみなす」等の「みなし規定」で解決することも、法律的にはできると思う。

なお各地の地方議会でも、定住外国人への参政権付与を求める決議や要望書を採択したり、永住外国人に対して住民投票権を与える条例を制定した自治体も少なくない。

D　参政権の内容と選挙運動権

参政権は、通常、選挙権と被選挙権に分けられることが多い。なお村岡到氏は、「被選挙権」の用語を「立候補権[16]」と書き換えるべきだと主張している。しかし、被選挙権は単に立候補権だけでなく、立候補権と、自由に選挙活動を行なう「選挙運動権（選挙活動権[17]）」の二者から構成されると考える方が適切である。高額な供託金でスタートラインの立候補自体を制約してしまうことは大問題であるが、日本の現行公職選挙法の、「べからず選挙」と呼ばれるように、選挙運動を過剰に規制し、候補者の主張や政策を主権者たる有権者に充分伝えられない選挙運動規制も大問題である。しかも規制が複雑で、曖昧であり、警察当局による恣意的な解釈や介入を招きかねないないものとなっている。

選挙供託金制度が、一九二五年（大正一四年）の男子普通選挙の法制化とセットで導入されたのと同様、それまでは基本的に自由であった選挙運動に、戸別訪問の禁止等厳しい選挙運動規制が始まったのも、この男子普通選挙の導入とセットであった。

本来、選挙運動規制は、買収の禁止や選挙費用の上限規制など最小限にとどめるべきであり、選挙運動は基本的に自由にすべきである。諸外国では戸別訪問を禁止している例は少ない。なお現在、憲法改正の国民投票において、テレビＣＭの規制が問題になっているが、資金力による不平等を避けるための措置や選挙運動費用の総額規制は必要であると、私は考える。

ところで選挙運動権は、候補者やその運動員だけでなく、主権者たる市民の基本的権理でもある。自らが立候補しなくとも、候補者を応援し、あるいは批判し、場合によっては落選運動をすることも主権者たる市民の重要な権理である。参政権とは、ただ投票するだけの権理ではなく、主権者たる市民が主体的、積極的に選挙や政治に関わる権理である。主権者たる市民が、自由に意見を述べ、主張し、それを人々に伝達し、議論することは民主主義にとって不可欠の重要な要素であり、それを欠いて民主主義を単なる投票行為や多数決としてしまうことは、民主主義を形骸化することにほかならない。

なお投票後も、当選した議員や首長が公約を守っているか、不正をしていないか等を監視し、チェックし、批判する権理と義務も主権者には当然あるし、求められる。

E　改革へ向けた運動

選挙制度は、民主主義、議会制民主主義の根幹を支える重要な制度であるが、既成政治家は、現在の選挙制度の下で当選してきており、自分たちに不利となるその制度改革はなかなか実施しようとしない。特に大政党に有利な小選挙区制は与党のみならず、大野党も変えようとしたがらない。従ってそれを変えさせるためには、市民の側からの働きかけと世論の盛り上げが必要となる。この間、小選挙区制の弊害が露わになってきており、その導入に関わった者たちからも、反省の弁が聞かれるが、この小選挙区制の問題点を明らかにし、変えさせてゆくことが必要である。

また高額な選挙供託金については、本書収録の宇都宮氏の「供託金違憲訴訟の意義について」で詳述されているように、現在、違憲訴訟が行われており、また自民党を含めて政治家の中にも引き下げの議論もあり、供託金を見直す意見書を採択した地方議会も出始めている(18)。

「べからず選挙」と呼ばれるような、公職選挙法の過剰な選挙運動規制についても、当事者の政治家自身がそのおかしさを体感しながら、小選挙区制同様なかなか変えたがらない。それらの規制を前提として選挙を戦い、当選してきた議員は、次第にそのおかしさをおかしいと思わなくなり、その選挙規制を熟知し、使いこなすことが「プロ」だと勘違いしてしまう。規制の抜け穴も熟知した「プロ」の政治家にとっては、素人の新人候補を排除する障壁ともなる。

選挙制度改革に取り組む市民団体としては、「公正・平等な選挙改革にとりくむプロジェクト[19]（とりプロ）」が、「選挙市民審議会[20]」を組織して、選挙制度改革の対案作りを行っている。本書執筆者の一人の田中久雄氏も、審議委員の一人である。とりプロでは議員へのロビーイングも活発に行い、賛同議員も募り、議員連盟の結成も視野に入れて、選挙制度改革の実現に向けて取り組んでいる。

また田中氏を代表とし、私も関わっている「変えよう選挙制度の会[21]」は、議員というよりは市民を対象に、選挙制度に関する勉強会を行って、選挙制度改革の必要性を市民レベルで伝える活動を行っている。選挙供託金違憲訴訟については、「供託金違憲訴訟を支える会[22]」ができて署名活動や支援活動を行っている。また小選挙区制に関しては、「小選挙区制廃止をめざす連絡会」がシンポジウムや講演会、ブックレット[23]の編集などを行ってきた。

それ以外の個別課題でも、一票格差をなくすための「一人一票実現国民会議[24]」、議員数の男女格差を是正するための「クォータ制[25]」をめざす「クォータ制を推進する会[26]（Qの会）」、「クォータ制の実現をめざす会[27]」などの市民団体が活動している。これらの選挙制度改革に取り組む諸団体が集まってシンポジウムや展示・説明を行う「選挙マルシェ」というイベントも継続的に開催されている。

参照・引用文献

(1) 有権者が一定の署名などを集めて、議員などの解職や議会の解散を求める制度。日本では、国政に関しては、最高裁判所裁判官に対する「国民審査」(ただし有権者側から一定の署名を集めて行われるものではない)を除いて、まだこの制度が導入されていないが、地方自治法上では、一定の署名を集めての地方議会の解散や、議員や首長に対する解職請求が規定されている。

(2) 有権者の直接投票によって、政治的意思決定する制度。日本国憲法では、憲法改正のための国民投票(第九六条)と、一の地方公共団体のみに適用される特別法に関する住民投票(第九五条)が規定され、また地方自治法では、一定の署名を集めた場合の地方議会の解散請求や議員や首長に対する解職請求を住民投票に付すことが規定され、また各地方公共団体の条例に基づいて住民投票が行われることもある。

(3) 有権者が一定の署名などを集めて、法律や条令などの制定を提案する制度。その結果を受けて、レファレンダムに付される場合がある

(4) 落選者に投ぜられた、当選や議席に結びつかった票。その投票者の意思は議会などに反映されないことになる。なお広義には、当選に必要な票数を超えて得票した場合、それは更なる議席増につながらないという意味で、それも含めて「死票」と呼ぶ場合もある。

(5) 米国の大統領選挙は、有権者は大統領候補と副大統領候補のペアを支持する「大統領選挙人」

を州ごとに選出し、その大統領選挙人による投票により、大統領を決定する間接選挙。

(6) 現行の参議院通常選挙における複数定員の選挙区は「中選挙区」にあたる。

(7) 比例代表の選出地域単位を県別やブロック別にした場合、その各定数や範囲をどのようにするかによっては比例代表においても一票格差は生じる可能性はあるが、全国一ブロックの比例代表では一票格差は生じない。

(8) スウェーデンでは二〇一八年の総選挙後、連立交渉がなかなかまとまらない状態が続いた。ドイツでも二〇一七年九月の総選挙以来連立交渉をめぐって政治的空白が五カ月以上続いた、というように比例代表制が多党分立や政治的不安定をもたらす場合もある。

(9) 通常は「権利」という漢字が使われるが、福沢諭吉は『学問のすすめ』の中で、英語の「right」の訳語として「権理」という訳語を与えている。「right」には、法律上の「権利・権理」と同時に「正義」や「正しい」、「道理」などの意味があり、「利益」のみに通じる「権利」より「権理」の方が適切な訳語と私は考える。このことは村岡到氏から教えられた。

(10) わが国の現行の衆議院議員総選挙においては、選挙区と比例代表の「重複立候補」も認められ、そこでは小選挙区における落選者の惜敗率により、比例代表の同一順位の者の当選を決めるというように、両者は一部連動している部分もある。

(11) 米国、ドイツ、イタリアなどには選挙供託金制度が存在せず、フランスでは、以前あった、上院二〇〇フラン(約四〇〇〇円)、下院一〇〇〇フラン(約二万円)の供託金すら批判の対象となり、一九九五年に選挙供託金制度が廃止されている。カナダでは違憲判決を受け、選挙供託金制度が全廃され、韓国では違憲判決を受け、金額が減額されている。

⑿ 日本国憲法第四四条では「両議院の議員及びその選挙人の資格は法律でこれを定める。但し、人種、信条、性別、社会的身分、門地、教育、財産又は収入によつて差別してはならない」と明記している。

⒀ 那須俊貴「諸外国の選挙権年齢および被選挙権年齢」（国立国会図書館『レファレンス』二〇一五年一二月号所収）

⒁ 英国では、旧植民地の英連邦諸国の国民に対して、国政においても選挙権、被選挙権を与えている。

⒂ 昭和二七年四月一九日付、法務府民事甲第四三八号、民事局長通達、（サンフランシスコ平和条約）「平和条約に伴う朝鮮人、台湾人等に対する国籍及び戸籍事務の処理について（通達）」

⒃ 村岡到「立候補権確立を」（『議員定数削減ＮＯ！――民意圧殺と政治の劣化』ロゴス、二〇一一年、四八頁。

⒄ 公職選挙法上は、「選挙運動」という用語が使われ、「特定の公職の選挙につき、特定の立候補者又は立候補予定者に当選を得させるため投票を得又は得させる目的をもって、直接又は間接に必要かつ有利な行為」をさすと解されており、「政治活動」（政治上の主義、主張、若しくは施策を推進し、支持し、若しくはこれに反対し、又は公職の候補者を推薦し、支持し、若しくは反対することを目的として行う直接間接の一切の行為で、選挙運動にわたる行為を除外した行為）と区別し、前者を厳しく規制しているが、このような区別と規制は本来なくすべきである。なお村

岡到氏は、「活動」は「運動」より広い概念であり、個人の活動も含むため、「選挙活動権」と呼ぶべきと提唱している。

⒅ 小金井市議会、国立市議会、小平市議会など。

⒆ https://toripuro.jimdo.com/

⒇ https://toripuro.jimdo.com/選挙市民審議会/

(21) http://kaeyo-senkyo.tumblr.com/archive

(22) https://kyoutakukin.jimdo.com/

(23) 『小選挙区制ＮＯ！――二大政党制神話の罠』ロゴス、二〇〇八年。『議員定数削減ＮＯ！――民意圧殺と政治の劣化』ロゴス、二〇一一年。

(24) https://www.ippyo.org/index.php

(25) 「クォータ制」は、一般的には、政治システムにおける割り当て制度のことをさすが、議員数の男女格差を是正するための「クォータ制」は、女性に議員定数や候補者の一定割合を割り当てる制度。クォータ制の内、男女の比率を同数とするものを「パリテ」と呼び、フランスでは二〇〇〇年に「候補者男女同数法（通称パリテ法）」が制定された。

(26) https://blog.goo.ne.jp/winwin-org/c/cb9396f5f7d0d119dfac98c13bc6351 https://www.facebook.com/quota.japan/

(27) http://www1.odn.ne.jp/quota/index.html

比例代表制で日本を素晴らしい国にしよう！
——北欧諸国をお手本に

田中久雄

1　北欧諸国は日本のお手本

今日、日本という船は外海の荒波に翻弄されて、どこに進んでいいのかわからない海図なき航行を続けているような感じがします。目的地がなくても、どうにか今が破たんなく毎日を過ごせばそれでいい、先のことは考えないことにするという安易な気持ちに安住しているのかもしれません。

しかし日本には、少子高齢化や人口減少、広がる貧富の格差、都会と地方の地域格差など先行きは不安材料でいっぱいです。かつて「ジャパン・アズ・ナンバーワン」と誉めそやされた経済も、中国やインドはおろかインドネシアやブラジルにも追いつかれ、二〇五〇年には国民総生産（ＧＤＰ）で世界の第六番目に後退するという大手コンサルタント社の予測も報じられています。国の借金は、二〇一八年末で一一〇〇兆五〇〇〇億円、国民一人当たりにすると八八五万円にも及んでいるというのに、小手先のつくろいで抜本的な改革は先送りです。将来の世代にその付けを回していると分かっていながらも、です。

日本の社会は、外国と規模の拡大を競うことはもはや不可能としても、生活の質の高さや国民の満足度や幸福度を引き上げることはまだ十分に可能です。

では、どう改革を進めたらいいのでしょうか。

頭の中でいろいろ考え、構想を描いてみるのも一つの手でしょうが、お手本になる国があればそれをとりあえず真似てみるのが一番現実的ではないでしょうか。

では、そんな国があるのでしょうか。あるのです。スウェーデン、デンマーク、ノルウェー、フィンランド、アイスランドなどの北欧諸国です。

人口規模でアイスランドを除き十分の一から、二十分の一といずれも小さな国ですから、日本には当てはまらないと一蹴する人もいるかもしれませんが、これらの国々が行っていることを見ると、日本でも試してみる価値のあることが数多くあるような気がします。日本でも通用するかどうか、まず始めてみることも必要ではないでしょうか。

北欧の政治の特徴は、有効だと思われる政策は試行してみる、その結果を評価して問題があれば躊躇なく改めるというものです。

2　北欧諸国のパフォーマンスへの国際評価

まず、これら北欧諸国が世界的基準でどれだけ高い評価を受けているかをいくつかの指標で見ることにしましょう。

以下の表は、①は世界幸福度ランキング（国連が一五六カ国を対象に毎年調査。「所得」「健康

①　世界幸福度ランキング

フィンランド	第1位
ノルウェー	第2位
デンマーク	第3位
アイスランド	第4位
スウェーデン	第9位
日本	第54位

②　1人当たり名目国民所得

ノルウェー	第4位
アイスランド	第5位
デンマーク	第10位
スウェーデン	第12位
フィンランド	第17位
日本	第25位

③　租税負担率の国際比較

デンマーク	第1位	45.9％
スウェーデン	第2位	34.1％
アイスランド	第3位	32.8％
フィンランド	第5位	31.3％
ノルウェー	第12位	27.4％
日本	第32位	18.6％

④　主要国45カ国におけるジニ係数

フィンランド	第5位
デンマーク	第6位
ノルウェー	第8位
スウェーデン	第10位
アイスランド	第18位
日本	第21位

と寿命」「社会支援」「自由」「寛容さ」などの要素で評価。二〇一八年結果）、②は一人当たり名目国民所得（ＧＤＰ）国際比較（世界銀行によるデータ。二〇一七年調査）、③は租税負担率の国際比較（対ＧＤＯ比）（グローバル・ノートのＯＥＣＤ対象調査。二〇一六年あるいは最新年）、④は主要国四五カ国におけるジニ係数（所得格差）国際比較（グローバル・ノートによる調査、二〇一三年以降の最新値）、⑤は社会保障費（社会支出）国際比較（グローバル・ノートによる二〇一六年調査。主要三五カ国）、⑥は公的教育費の国際比較（対ＧＤＰ）（グローバル・ノート

⑤ 社会保障費（社会支出）国際比較

ノルウェー	第２位
デンマーク	第４位
スウェーデン	第７位
フィンランド	第９位
アイスランド	第15位
日本	第18位

⑥ 公的教育費の国際比較（対 GDP）

アイスランド	第３位
スウェーデン	第４位
ノルウェー	第５位
デンマーク	第６位
フィンランド	第12位
日本	第105位

⑦ 男女格差ランキング

アイスランド	第１位
ノルウェー	第２位
フィンランド	第３位
スウェーデン	第５位
デンマーク	第14位
日本	第144位

の二〇一六年調査。対象一四八カ国)、⑦は男女格差ランキング(世界経済フォーラムが毎年公表。「経済」「政治」「教育」「健康」の四ジャンルで評価。二〇一七年結果)、⑧は女性議員割合ランキング(グローバル・ノートによる調査。国会の総議員数における女性議員数の比率。日本は衆参両議院を対象。二〇一八年結果)、⑨は子どもの権利指数ランキング(ユニセフが世界一六三カ国を対象に評価。二〇一六年結果)です。

⑧ 女性議員割合ランキング

スウェーデン	第5位	43.60%
フィンランド	第6位	42.00%
ノルウェー	第8位	41.40%
アイスランド	第16位	38.10%
デンマーク	第20位	37.40%
日本	第140位	13.70%

⑨ 子どもの権利指数ランキング

ノルウェー	第1位
アイスランド	第3位
フィンランド	第9位
スウェーデン	第14位
日本	第31位

北欧諸国は、ＥＵやユーロ、ＮＡＴＯなどヨーロッパの国際条約に加盟しているかいないか、国によりバラバラですが、北欧諸国だけで北欧理事会というグループを一九五二年に結成していて定期的に会合を開き協力しあっています。ですから、政治の仕組みや社会制度が驚くほど似通っています。その結果かどうかはわかりませんが、ほとんど同じようなパフォーマンスの評価結果になっているのが面白いと思います。

ヨーロッパの国際条約の加盟状況は次頁の

ヨーロッパの国際条約の加盟状況

	EU	ユーロ	NATO	(政治形態)
スウェーデン	○	×	×	君主制
デンマーク	○	×	○	君主制
ノルウェー	×	×	○	君主制
フィンランド	○	○	×	大統領制
アイスランド	×	×	○	大統領制

表のとおりです。

3　国を支える政治の力

このように、様々な観点から各国の点数による評価で、スウェーデンを始めとする北欧諸国は極めて高い評価を得ています。その理由は何でしょうか。

ノルウェーの石油を除いて、一般的に国内に豊かな地下資源があるわけでもなく、北極に近い寒冷地で農作物も限られたものしか収穫できない土地柄です。それなのになぜ環境に優しい豊かな経済と高度な福祉国家をつくることができたのでしょうか。

端的に言って、そういう国造りを行った政治の力だと思います。恵まれた条件が必ずしも十分でないなかで、歴代の政治家や政党が望ましい国の将来像を描き、それを国民に提示し、国民が支持しました。そして、その目標に向かって限られた資源を有効に活用し、そのための教育や人材育成に努力してきた結果ではないでしょうか。スウェーデンではある時期、冷害などで食べる食糧にも事欠き、一八五〇年代から一九三〇年代にかけて約一〇〇万人ともいわれる多くの人たちがアメリカに移住した時代もありました。いまは人口約一〇〇〇万人ですが、当時は三〇〇万から五〇〇万人の頃ですからいかに大量であったかが想像できると思います。

そういう苦難のなか、一九三〇年年代に社会民主党のハンソンという首相が「国民の家」という構想を掲げました。スウェーデンという国家は一つの家族みたいなもので、すべての国民が平等であり、お互い助け合っていかなければならないと訴え、今日の福祉国家の礎を築いたのです。そのための財政負担を国民は理解し、スウェーデンの人たちは高い税金や社会保険料の負担を受け入れました。

かつては北欧諸国の盟主であったデンマークもスウェーデンが離れ、ノルウェーも手放し、ドイツとの国境にあるユトランド半島の付け根のシュレースヴィヒ公国とホルシュタイン公国の領有をめぐって一九世紀後半、二度にわたるドイツとオーストリアとの戦争に敗れました。その結果、南の豊かな穀倉地帯を失い、一部は回復したものの、残された国土は島嶼部と荒涼とした半島北部だけという大きな挫折に見舞われ、ここでも多くの国民がアメリカに移住しました。

この逆境のなか、グルントヴィの教育理念に基づいて始まった一種のフリースクールともいえる国民高等学校（フォルスコーレ）や貯蓄銀行の設立、農業協同組合運動など地道な草の根の運動が実を結び、荒れ地を開墾し植林や土壌の改良が進み、今日酪農を中心とする世界有数の農業国家を実現しました。この苦難の途は、内村鑑三の著書『デンマルク国の話』(岩波文庫)に描かれ、明治から大正にかけて多くの日本の若者にも大きな影響を与えたことでも有名です。

スウェーデン領だったフィンランドも、ナポレオン戦争後はロシアに帰属しましたが、第一次世界大戦末期にロシア革命に乗じてロシアの属国から、独立を宣言しました。しかし、ロシア革命の余波を受けて、国内も白軍派と赤軍派の内戦状態に陥り、白軍派が勝利したものの、その後今度は王党派と共和派との分裂が生じ、一時王国が成立し、最後には共和国に落ち着きました。第二次世界大戦では、ソ連との二度にわたる戦いがあり、中立政策を掲げたスウェーデンに助力を断わられ、やむなくナチス・ドイツに接近し、結局敗戦国になってしまいました。

戦後はかろうじて共産化は避けられたものの、カレリア地方などの領土を失い大量の避難民と巨額な賠償金を背負うことになり、東西冷戦中は中立国として微妙なかじ取りをとり続けざるを得ませんでした。

ノルウェーは、四〇〇年以上もデンマークに支配され、その後スウェーデンに割譲され、二〇世紀初頭にようやく独立を果たしましたが、木材と農漁業産品しか主な輸出品がないノルウェーは、たびたび景気変動に見舞われました。独立後も苦難の途は続き、第一次世界大戦にはかろうじて中立を保ったものの、第二次大戦ではナチス・ドイツに占領され、対ソ連や対イギリスの最前線の役割を担わされたのです。当時国王や政府首脳はイギリスに亡命し、この亡命政府の指令の下、執拗なレジスタンス運動が繰り広げられました。

アイスランドは、人口三五万人という小さな国ですが、最近ともいえる一九四四年に国民投票でようやくデンマークから独立しましたが、漁業以外はこれといった産業もありません。リーマンショック以前は、金融と不動産に活路を見出し、一時は大胆な産業構造の転換の成功例として世界的に有名になりましたが、世界的な金融危機で銀行はデフォルトを宣言し、国家財政も破たんしてＩＭＦなど国際金融機関からの借り入れでなんとかしのいできましたが、最近は経常収支も黒字に転換するほど経済が回復しつつあります。

このように、それぞれ北欧の国々がこれだけの大きなハンディキャップを負いながら、今日世界の先頭を走る国に生まれ変わった要因は、政治とそれを支えた国民の力にあったとしか考えられません。

4　比例代表制を採用する北欧諸国

では、スウェーデンを始め北欧諸国はなぜそのような政治を行うことができたのでしょうか。

それは政党や政治家が立場は違うにしろ、お互いに十分議論を行い、妥協や調整をしながら、できるだけ多くの人が納得できるコンセンサスを見出していこうという政治手法やプロセスにあると思います。それを可能にする上で重要な要素となるのは選挙制度です。

選挙制度を、ただ政治家を議会に送り込むための技術的なものに過ぎないと考えたら大間違いです。選挙制度のつくり方次第で、議会で議席を獲得できる政党数や政党の勢力図、ひいては政治の在り方や国のかたちを決める、とても重要なものなのです。面白いことに北欧諸国すべてに共通することは、比例代表制を採用していることです。このことが、北欧諸国がおしなべて様々な世界ランキングで高得点を得ている秘密ではないかと私は考えているところです。

では、比例代表制はなぜ良い政治をつくるのでしょうか。比例代表制と対極をなす選挙制度は、イギリスやアメリカで行われている小選挙区制です。小選挙区制では、その選挙区で一票でも多い候補者が当選して他の候補者に投票した票は当選に役立たなかったものとして死票となります。死票になった候補者に投票した有権者の意思はまったく政治に反映されません。

それに比べて、比例代表制は有権者の得票数に比例して政党の獲得議席が決まることから、民意が鏡に近い形で政治に反映されることに特色があります。もちろん比例代表制の下では、一つの政党が過半数を取ることはほぼ不可能ですから、政党間で連立政権を組むことが常道になります。

スウェーデンでも一般的に中道左派連合と中道右派連合との間で政権の交代がたびたび行われています。連立政権を組むために、政党間の話し合いが行われ、政策協定などを結ぶのが通例ですから、比例代表制をコンセンサス型の選挙制度とも言います。

一方で、小選挙区の選挙制度はイギリスやアメリカに見られるように、二大政党による政権争いに適した制度ですから、対決型、ウエストミンスター型、またはアリーナ型の選挙制度と言われています。

比例代表制の問題点の一つとして、一党で過半数を取るケースは少なく、政党間の連立交渉が長引き政治が停滞するのではないか、あるいは政治が不安定になるのではないか、という批判があります。現にスウェーデンでは昨年（二〇一八年）九月に選挙がありましたが、約四カ月後の一九年一月のようやく社民党と緑の党の少数連立政権が成立しました。

しかし、これは稀なケースではなく、いまのドイツのメルケルの政権は選挙後約五カ月後にCDU／CSUと社民党との大連立が成立しました。極めつけはベルギーで、二〇一七年九月の選挙から五四一日、一年半ぶりに連立政権が誕生しました。

いずれも比例代表制を基本としています。それで国民生活に支障があったのでしょうか。まったくないとは言えませんが、その間暫定政権が運営に当たり、大きな政策決定や変更はできませんが、日常生活には支障を生じさせませんでした。

選挙後の連立政権のための政党間の交渉や政策協定の締結のプロセス自体が、コンセンサスを得るためのやむを得ない民主主義のコストだと私は考えます。

民主主義とは時間がかかるものなのです。

また北欧諸国では少数政権が珍しくないのですが、少数政権であってもいったん政権が成立した以上、政策面で野党の主張を認めさせることには熱心でも、政権を崩壊させ解散に追い込むということはありません。

たとえばスウェーデンでは、憲法上国会議員の過半数の議決がなければ解散されませんが、数多くある野党のなかでも中立を決め込む政党があるなど解散がしにくいことと、解散しても任期は残りの期間だけという規定があり、それも歯止めになっています。そのため、スウェーデンでは任期が終了する四年に一度九月の第二週ないし第三週の日曜日に選挙を行うことに決まっています。

どこかの国のように党利党略で不意に解散を行い、さらに四年間の政権を目論むということは存在しません。いずれの政党にとっても、十分な選挙の準備ができるというきわめてフェアな仕組みになっています。

5　なぜ比例代表制は優れているか

イギリスでは小選挙区制にもかかわらず二大政党以外のポピュリスム的なイギリス独立党や、

地方政党のスコットランド国民党などが勢力を伸ばし、今や保守党や労働党だけで過半数を取るのが難しくなってきています。

また、アメリカも共和党と民主党の二大政党制ですが、トランプやサンダースのような従来のそれぞれの政党の枠から大きくはみ出す異端の政治家が、多くの有権者の支持を獲得する混迷状態になっています。

しかも二大政党制は勝つか負けるかの熾烈な闘いになることから、政策論争というよりは相手の候補者や政党に対する誹謗中傷の醜い選挙合戦に陥っているような気がします。

スウェーデンは選挙の投票率が高いことでも知られており、今回の投票率は八七％でした。それもここ五回の選挙で毎回投票率が上昇しているのです。日本の直近の衆議院選挙の投票率は五三％ですから、そのギャップに驚きます。

日本の期日前投票に当たる郵便局投票、投票所に行けない人のための親族や郵便配達人による代理投票、病院や老人ホーム、刑務所等に特設投票所を設けたりして様々な方策を講じた結果です。ちなみに、スウェーデンでは受刑者でも投票ができます。

こんなに高い投票率にもかかわらず、それに満足しないで、多くの自治体で民主主義大使なるボランティアを任命して、移民の多い投票率の低い地域などに派遣して投票を呼びかけます。投票率を高めることに終わりのないあくなき執念すら感じます。

対照的に、一一月に行われたアメリカの中間選挙では、相手候補者の得票を減らすため、その候補者の支持基盤、たとえば黒人やラテン系の住民が多く住んでいるエリアの投票所の数を少なくしたり、遠距離に置いたり、事前の選挙権登録の条件を厳格化するなどあらゆる手段を講じて、その人たちを投票に行かなせないようにします。

また、自分たちに都合のいい区割りも行います。いわゆる、ゲリマンダーです。各州の知事や州の内務長官などが投票方法を決めることができるので、自分の党に有利な仕組みをつくるからです。これはアメリカだけの特殊な例かもしれませんが、勝つか負けるかの小選挙区制を基礎とする二大政党制の負の側面だと思います。

6　小選挙区制が抱える問題点

では、小選挙区制はどのような問題点を抱えているのでしょうか。いくつか例を挙げてみましょう。

①政党における得票率と議席率とのギャップが生まれること

日本の衆議院の小選挙区選挙の場合、約四割の得票率で七～八割の議席を獲得することも珍しくなく、大政党に有利な仕組みとなっていて、民意が反映された選挙制度とは言えない状況にあります。

②死票が大量に生じること

小選挙区では相対的多数を獲得すれば当選しますから、当選者以外に投票した票が当選に役立たなかったいわゆる死票となります。同一選挙区で候補者が多ければ多いほど死票が多くなり、ときには六〜七割に及ぶこともあります。そして死票となった有権者の意向は政治に反映されません。死票となることを嫌って、意中の政党の候補者に投票せずに次善の当選する可能性のある候補者にやむを得ず投票する行動もみられます。その影響かもしれませんが、日本では小選挙区比例代表制導入後、投票率が顕著に低下しました。

③「一票の格差」の問題が絶えずつきまとうこと

小選挙区制では、選挙区間の「一票の格差」がたえず問題になり、日本では選挙のたびごとに市民団体から憲法違反の訴訟が提起されています。最高裁も次第に厳しい判断をくだすようになり、国会もそのたびに定数是正に追われているのが現状です。

人口の大都市への集中現象は一向に収まる気配がありませんから、「一票の格差」是正の問題は現行制度を前提としている限り、際限のないイタチごっことなっています。

④議席を獲得できる政党が大政党に限られ、少数政党が生き残ることは難しいこと

小選挙区制では定数一人ですから、当選する可能性のある候補者は大政党の候補者に限られま

す。デュベェルジェというフランスの政治学者が、選挙区制では定数のプラス一の政党しか生き残れないという「デュベェルジェの法則」を唱えました。法則というほど科学的なものではありませんが、経験則から、有権者は投票先を自らの考え方に比較的近い政党の候補者の中から、当選可能性のある人を選ぶ傾向があるため、次第に政党が淘汰されて結局定数プラス一の大政党だけが生き残れる、というものです。

⑤時代の変化に対応した政党の新陳代謝や流動性が失われ、政治が硬直化すること

小選挙区では大政党が極端に有利な仕組みとなっていますから、時代の変化に伴い新たな政策を掲げる政党を立ち上げたとしても議会で議席を獲得することは至難の業です。その結果、政党の新陳代謝や流動性が失われ、既成大政党による従来からの政治だけがいつまでも続くことになってしまいます。

⑥政党執行部への権限集中が強まり、独裁的な政治運営などが生まれる恐れがあること

日本では一九九四年の政治改革四法により小選挙区重視の選挙制度に変わりましたが、これ以降日本の政党間の勢力図や党内の権力図、ひいては政治の在り様が様変わりしてしまいました。選挙区の候補者が一人ですので、だれを党の候補者にするかの公認権や莫大な政党助成金を選挙の際にどの選挙区のどの候補者に、どのくらい配分するかも党執行部が行いますから、ますます執行部への依存体質が強まります。また、当選後も、党の役職ばかりでなく、政権党であれば内閣や各省庁の大臣、副大臣等の幹部クラスの人事も一手に握ることになり、官邸や党幹部への求心力の増大をバックに独裁的な政治運営を行うことも可能となりました。党内に不満があっても、声に出して言えない状況が出現します。

⑦政党と政治家の信条や政策が一致しない、おかしな現象が生まれること

小選挙区制では既存の大政党からの候補者が有利になることから、政治家になりたいと考えている人たちは、当選しやすい大政党に入り候補者となることを志向する傾向になります。公認を得るためには、必ずしも十分に政党の理念・信条や政策に納得しているわけでもない場合でも、それを表明しないで当該政党の政治家になるケースも少なくないと思われます。

その結果、党内で様々な考え方の政治家を抱えることになり、時には党内で所属議員同士が真逆の政策を主張するケースも生まれますが、その原因は小選挙区制では当選可能な政党数が少ないことにあります。

7　民主主義は比例代表制がふさわしい

民主主義とは一体何でしょうか。

歴史が示すように国の主権者が国王や貴族ではなく、国民に主権があるということです。血を

流す長い闘争の末に獲得した権利です。そして、その国民主権、それは具体的には国民が選挙権・被選挙権など参政権を有することを意味しますが、この権利を獲得するための長い苦難の歴史がありました。

はじめは特定の身分を持つものや土地を所有するもの、あるいは高い税金を納めるものだけだったものが、一定の年齢を超える男子すべてへの普通選挙へ、そして女性への選挙権付与へと長い時をへて、今日の制度にたどりつきました。

その間、基本的人権が不可分的に重要なものとして考えられ、とりわけ自由と平等が必須の人権となりました。

自由と平等の内容はどういうものか、具体的な事例の適用に当たっては争いがありますが、民主国家を唱えている国においてこれを否定するところはありません。ある意味で、民主国家にとって国民主権、自由・平等は当たり前になってしまいました。

それでは、民主主義は達成されてしまって、その役目を終えてしまったのでしょうか。私はそうは思いません。民主主義の概念が進化しているからです。現代では、自由・平等に加えて多様性という価値観が重要になってきました。

多様性とは言い換えれば、マイノリティーの尊重や多様な人たちや考え方との共生のことです。今日では、この多様性を認める社会が民主主義社会・国家といえるのではないでしょうか。これは、民族の同質性を重んずる日本の最も弱い分野かもしれません。多様性を認めるということは、ばらばらになるということではなく、それぞれの立場の違いを認めた上で、より柔軟性と寛容性のある幅広いコンセンサスに支えられた、強靭な社会をつくり上げることだと思います。

政治の世界では、この多様性を容認し推進する選挙制度として、少数であってもその人たちの考えが政治に反映できる比例代表制こそが、本当の民主主義国家を実現するには一番ふさわしい制度だと考えます。様々な考えを持つ政党や政治家が、国民を代表してそれぞれの考えや意見・政策を議会の場で議論を闘わせ、結論を得る、そしてコンセンサスを作り上げることが真の民主主義を実現するプロセスではないでしょうか。

スウェーデンでも減税や民営化や規制緩和を主張する新自由主義的な政党もあり、その政党を含む右派連合の政権が何度も誕生しました。部分的にはその政策も実現しましたが、高度な福祉国家を揺るがすような改革は行われませんでした。なぜならば、右から左まで現在のスウェーデンの国の在り方を良しとする国民と政党のコンセンサスが存在するからです。

日本の社会とりわけ政治の世界では、女性の国会議員が世界ランキングで一四〇位、先進国の中で最低です。人口の半数は女性ですから決してマイノリティーではないにもかかわらず、そのような体たらくです。

比例代表制を採用する国々では比例の候補者リストの順位を男女交互にするところが少なくあ

りません。ややもすれば男社会と見られてきた政治の世界に、国民の半数を占める女性の声を政治に反映させる意味でも比例代表制を日本でも推進していく必要があると思います。女性議員が増えれば、日本の政治も変わってくると私は確信しています。

選挙区制がいいのか、比例代表制がいいのか、人それぞれの考え方や好みですから、一概に言えませんが、私は北欧諸国のような比例代表制を支持します。二者択一を迫る小選挙区制よりは、様々な理念・政策を主張する政党がたくさんあって、そのメニューのなかから有権者が選択できる比例代表制の方が、国民の考えがうまく政治に反映するのではないかと考えるからです。それに現代のように一人一人の信条、価値観、政策、好みが多様化している社会にあって、二者択一だけの二大政党制は無理になってきたのではないでしょうか。

昨年（二〇一八年）九月に総選挙があったスウェーデンでは、国政選挙に参戦した政党の数が三四政党にも及びました。比例代表制で、一五〇〇人の賛同者の署名があれば参加できるシステムだからです。ちなみに県議会議員選挙では一〇〇〇人、コミューン（市町村）では五〇人の賛同人で足ります。もちろんいずれも供託金などの制度もありません。

得票率が四％以上でなければ議席が獲得できないという阻止条項があるため、実際に議会で議席を有することができた政党は八政党に過ぎませんが、それにしても、政党を気軽につくって政治に参加しようという人たちにも、様々なメニューの中から自分に気に入った政党にできる状況の下で投票する人たちにとっても、優しい国ではないでしょうか。

ややもすると既成政党や政治家は、これまでの政治に慣れ切ってしまい、時代の変化を鋭敏に感じ、それに対応する政策や政治運営に遅れてしまう心配があります。時代に即応できる政治の流動性や政党・政治家の新陳代謝を高める意味からも選挙制度の改革が必要だと思います。

いまの日本の政治が何かおかしいと思うならば、それを生み出している選挙制度のおかしさにもっと関心をもち、ぜひ改革のための運動に参加しませんか。

小選挙区制をより民主的にするために
——相対的多数決投票に代わる投票方式の検討

西川伸一

はじめに

本書のサブタイトルは「小選挙区制廃止を！」である。私もこの主張に賛成する。国会の選挙制度は比例代表制を中心とするものに改めるべきであろう。それは世界的な趨勢でもある(Dryzek and Dunleavy 2009：167)。小選挙区制が民主主義にそぐわないことは、たとえば小林(2012：182-184)がわかりやすく説明している。それによれば、二六％でしかない少数者の意見が全体を支配することになりかねないのだ。一方、西平(1981：172)は、「国会は全国民の意見を反映させる場であり、そこに国民の意見の縮図をつくり出すためには、全国での各党の得票をもとにして、ドント式で各党に議席を配分するのが、一番よい」と比例代表制を支持する。

しかし、私たちは小選挙区制から逃れられない。選挙区の広狭に関係なく、定数が一の選挙区を小選挙区という。知事選挙や市長選挙など首長選挙の定数は当然ながら一である。二〇一九年夏の参院選の選挙区でも三二の一人区がある。すなわち、衆議院総選挙における小選挙区制は公

表 1：2017 年総選挙の東京 18 区の選挙結果

	候補者名	公認政党名	獲得票数	得票率 (%)
当	菅　直人	立民	96,713	40.9
	土屋　正忠	自民	95,667	40.5
	鴇(とき)田 敦	希望	44,035	18.6
	合　計		236,415	100

『政官要覧』平成 30 年秋号（2018 : 331）を参照して筆者作成。

職選挙法の改正によって廃止することは可能である。だが、一人を選ばなければならない場合がある以上、小選挙区制とは通例よばれずとも、それと同じしくみの選挙は廃止できない。ならば、それをより民主的にするための制度的工夫について考えることが、求められるのではないか。そこで本稿では、小選挙区制による選挙結果にできるだけ多くの有権者が納得するには、どのような選び方があるのかを検討したい。

さらに末尾に付論として、前稿「「民意を忠実に反映する選挙制度を！」に寄せて」（紅林編 2018）で示した私案の誤りにつき自己批判する。

1　小選挙区制のパラドクス

日本で行われている小選挙区制による選挙はすべて単純な多数決で当落が決まる。より正確には相対多数の票を獲得した候補者が当選人となる（以下、相対的多数決投票とよぶ）。きわどかった例として、二〇一七年総選挙の東京一八区の選挙結果を取り上げてみよう（表１）。

惜敗した土屋候補は、多数決だから仕方がないと敗北を素直に受け入れたのだろうか。私なら、菅候補は過半数を得ていないと負け惜しみをこぼすだろう。もし上位二名の決選投票になれば自分が勝ったかもしれないと。しかも、落選した二名の得票を合わせると、一四万七四八票となる。菅の得票を四万四〇三五票も上回る票が死票となってしまった。これが民主的といえようか。ちなみに、この総選挙で同様に当選人が過半数の得票に達しなかった小選挙区は、二八九選挙区中一一九選挙区にのぼった。

二〇〇〇年のアメリカ大統領選挙では共和党のジョージ・W・ブッシュが民主党のアル・ゴアを振り切って当選した。緑の党から出馬したラルフ・ネーダーがゴア票を奪ったことが響いた。このように候補者が三人以上で一人を選ぶ選挙を相対的多数決投票で行った場合、納得のいかなさが残る。その最大の原因は、有権者が第一選好の候補にしか投票できない点にある。「日本の投票制度は、決して出来のいいやり方ではありません。一位だけを書かせますが、それは自分の意思のほんの一部でしかないでしょう。人間には二番目、三番目の好みがあるのが当たり前です」と『多数決を疑う』（岩波新書、2015）の著者・坂井豊貴は言う（『朝日新聞』二〇一六年六月五日付）。

ネーダーに投票した人のほとんどは、第二選好としてはゴアが意中にあったことだろう。一方、ゴアに投票した人も多くはゴアの次にはブッシュよりネーダーが望ましいと考えていたのではないか。もし、第二選好、第三選好まで意思表明できる選び方で選挙を行っていれば、ゴアが勝ったかもしれない。これは一八世紀フランスの数学者コンドルセが指摘した事態で、「コンドルセのパラドクス」とよばれる。

表2：東京18区を例に作成したコンドルセのパラドクス

投票人グループ	選好順位	人数	票数と当落
Ⅰ	菅＞土屋＞鴇田	20,000	菅 96,713（当）
Ⅱ	菅＞鴇田＞土屋	76,713	
Ⅲ	土屋＞菅＞鴇田	20,000	土屋 95,667（落）
Ⅳ	土屋＞鴇田＞菅	75,667	
Ⅴ	鴇田＞菅＞土屋	4,000	鴇田 44,035（落）
Ⅵ	鴇田＞土屋＞菅	40,035	

表1の各候補の得票数についての投票人の選好順位を表2のとおり仮定して、このパラドクスを作ってみよう。

ペアごとの多数決A：菅 vs. 土屋

菅の方が土屋より好ましい：グループⅠ・Ⅱ・Ⅴ→一〇万七一三票
土屋の方が菅より好ましい：グループⅢ・Ⅳ・Ⅵ→一三万五七〇二票

★ペア勝者　土屋

ペアごとの多数決B：土屋 vs. 鴇田

土屋の方が鴇田より好ましい：グループⅠ・Ⅲ・Ⅳ→一一万五六六七票
鴇田の方が土屋より好ましい：グループⅡ・Ⅴ・Ⅵ→一二万七四八票

★ペア勝者　鴇田

ペアごとの多数決C：菅 vs. 鴇田

菅の方が鴇田より好ましい：グループⅠ・Ⅱ・Ⅲ→一一万六七一三票
鴇田の方が菅より好ましい：グループⅣ・Ⅴ・Ⅵ→一一万九七〇二票

★ペア勝者　鴇田

よって鴇田を当選させるべきだ

西平（1990：34）を参照して筆者作成。

このようにペアごとの多数決によれば、上位二人に大差をつけられ落選した鴇田が当選していたかもしれないのだ。東京一八区の民意は、三人の中から第一選好者のみを選ぶ相対的多数決投票を行うことで、ねじ曲げられたおそれがある。一般的に、候補者が三人以上で一人を選ぶ際に、相対的多数決投票を使うと民意を反映しない結果となりかねない。これを「票の割れ問題」という。ただし、この場合でも最高得票者が過半数の票を獲得したときには、コンドルセのパラドクスは生じない（西平 1990：35）。それでは、「票の割れ問題」が引き起こす民意の歪曲を未然に防ぐ制度的工夫として、どのような選び方があるのだろうか。

2　フランスの二回投票制

よく知られているように、フランスでは大統領選挙と国民議会（下院）選挙は二回投票制で行われている。大統領選挙では一九六五年から、下院選挙では一九五八年から導入されている。大統領選挙の場合、一回目の投票である候補が有効投票の過半数を獲得すればその者が当選人となる。いずれの候補もそれに達しなかったときには、二週間後に二回目の投票が実施される。第二回投票の候補者となれるのは第一回投票における上位二名に限られる。そして、両者のうちより多くの票を獲得した者が当選人となる。一九六五年以降一〇回の大統領選挙が実施され、そのすべてで第二回投票が行われている。

表 3：2017 年総選挙の北海道 2 区の選挙結果

	候補者名	公認政党名	得票数	得票率 (%)
当	吉川　貴盛	自民	104,824	41.35
	松木　謙公	希望	74,425	29.36
	金倉　昌俊	共産	52,626	20.76
	小和田康文	維新	21,643	8.54
	合　計		253,518	100

『政官要覧』平成 30 年秋号（2018 : 325）を参照して筆者作成。

これに比べて、下院選挙における二回投票制はやや複雑である。第一回投票で有効投票の過半数に加えて登録有権者数の四分の一の票を獲得した者がいれば、その者が当選する。しかし実際にはこれを満たす候補者は少なく、一週間後に第二回投票が行われる。これに立候補できるのは、第一回投票で登録有権者数の一二・五％以上の票を獲得した者のみである。さらに、そうした候補者が一人あるいは一人もいないときには、得票数の上位二人が第二回投票に進むことになる。いずれにせよ、第二回投票で相対多数の票を得た者が当選人となる。つまり、「一二・五％以上」なので第二回投票に三人以上の候補者が残る可能性がある。「票の割れ問題」は依然として生じうる。ただし、有権者の心理としては第一回投票の結果を知って、第二回投票では「戦略的投票」を行うことが考えられる。例を挙げよう。

二〇一七年総選挙における北海道二区の選挙結果は表３のとおりであった。設例を成立させるために投票率一〇〇％と仮定する。

仮にフランスの下院選挙と同じ二回投票制でこの選挙が行われたとする。第二回投票へ進めるのは一二・五％以上の票を獲得した吉川、松木、および金倉である。日本維新の会の小和田はここで落選が決まる。日本維新の会は野党というより自民の補完勢力である。第二回投票では自民の吉川の支援に回るだろう。共産の金倉はどうするか。このまま第二回投票に臨んでも、第一回投票の得票数からみて当選はまず無理であろう。ちなみに、吉川と小和田の得票数合計は一二万六四六七票である。松木と金倉のそれは一二万七〇五一票である。共産党が腹をくくって第二回投票で金倉の立候補を取り下げ松木を支援すれば、松木が当選する可能性は十分に考えられる。最初から立候補しないのではなく、第一回投票の結果を受けて戦略的に撤退するのであれば、支持者の理解も得やすいのではないか。彼らは第一回投票では意中の候補者に投票している。それゆえ、第二回投票では「より悪くない」候補者を選んでも、仕方ないと割り切れるのではないか。

すなわち、フランス下院選挙での二回投票制では、第二回投票でも候補者が三人以上になり「票の割れ問題」が生じる懸念は払拭できない。とはいえ、第一回投票により選挙情勢は明らかになる。ゆえに第二回投票では、候補者を二人に絞ろうとする動機が各政党に働く。小選挙区制による納得のいかなさはかなり緩和されよう。

実は二回投票制は日本でも行われている。首相指名選挙をまず挙げることができる。衆参それぞれ過半数の票を得た者が首相に指名される。しかし、過半数に達しなかった場合は上位二人の決選投票になり、より多数の票を得た者が指名される。一九九四年六月二九日の衆議院における首相指名選挙は決選投票にもちこまれ、村山富市二六一票、海部俊樹二一四票で村山が首相に指名された。自民党の総裁選も同様である。中でも一九五六年一二月一四日の総裁選は劇的だった。第一回投票では、一位岸信介（二二三票）、二位石橋湛山（一五一票）、三位石井光次郎（一三七票）であった。ところが決選投票では二位・三位連合が組まれて、石橋が二五八票を獲得し、二五一票にとどまった岸を逆転して総裁に就いたのである。

3　オーストラリアの優先順位付投票制

オーストラリアといえば義務投票制を採用している国として有名である。正当な理由なく棄権すれば罰金が課される。一九一五年にまずクイーンズランド州で導入され、一九二四年から連邦選挙にも取り入れられた。これに加えて特徴的なのは、優先順位付投票制とよばれる難解きわまりない選挙制度が用いられている点だ。連邦下院の選挙では一九一八年に導入された。「オーストラリアの選挙制度には、若い国であるのに、あるいはそれ故に、革新的な点と独特な点が多く見い出されそれらが相機能して興味ある発達と展開を見せている」（『世界の議会』1983b：172）と評される。

連邦下院選挙は小選挙区制により実施される。有権者はその選挙区のすべての候補者名が事前印刷されている投票用紙に、優先順位を示す番

表4：オーストラリア連邦下院選挙の投票用紙仕様にした投票用紙

	宗清　皇一（自由民主党）
	青野　剛暁（日本維新の会）
	西野　弘一（無所属）
	長岡　嘉一（日本共産党）
	姜　　英紀（立憲民主党）

注）候補者の並びは便宜的に実際の得票順とした。

号をすべてに付けて投票する。候補者全員に順位を付けないと無効になる。複数の候補者に同順位を付けることも認められない。二〇一七年総選挙で有力五候補が争った大阪一三区の候補者名を借用する（表4）。

有権者は左の空欄に当選してほしい順に1から5までの番号を記入するのである。たとえば、表5のようになる。

開票の結果、第一順位の得票だけで過半数に達した候補者がいなかったとする。すると、第一順位票で最下位得票者の票を、その候補者を第一順位とした投票人が第二順位に指定している候補者にそれぞれ配分する。この操作を行っても過半数を得る候補者がいなければ、この配分ののち最下位となる得票者の票を同じように解体して残る候補者に再配分する。これを繰り返して過半数の得票者＝当選

表5：表4の投票用紙に優先順位を付したもの

4	宗清　皇一（自由民主党）
3	青野　剛暁（日本維新の会）
5	西野　弘一（無所属）
2	長岡　嘉一（日本共産党）
1	姜　　英紀（立憲民主党）

注）付番はランダムであり、筆者自身の実際の選好順位を意味しない。

表6：優先順位付投票制による当選人の決定過程

	宗清	青野	西野	長岡	姜	合計
第一順位票	76,662	52,033	23,584	16,399	**14,568**	183,246
姜の票を解体（移譲①）	0	568	4,000	10,000	（解体）	**14,568**
累計①	76,662	52,601	27,584	**26,399**	—	183,246
長岡の票を解体（移譲②）	800	200	25,399	（解体）		**26,399**
累計②	77,462	**52,801**	52,983	—	—	183,246
青野の票を解体（移譲③）	13,801	（解体）	39,000	—	—	**52,801**
累計③	91,263	—	91,983（当選）	—	—	183,246

『世界の議会』（1983 b：174）を参照して筆者作成。
注）第一順位票の票数には2017年総選挙における各候補の獲得票数を入れた。過半数は9万1624票になる。

人を生み出すのである。これも架空の例で説明しよう（表6）。

移譲①では、第一順位票で最下位の姜に投じられた一万四五六八票が解体され他の四候補に配分される。宗清へは〇票とは、姜を第一順位とした一万四五六八人の投票人のうち宗清を第二順位とした投票人はいなかったことを意味する。彼らのうち五六八人が青野を、四〇〇〇人が西野を、そして一万人が長岡をそれぞれ第二順位としたと仮定している。累計①での最多得票は宗清であるが、過半数に届いていないので当選人とはならない。

移譲②では、累計①で最下位となった長岡の二万六三九九票が解体され他の三候補に配分される。その際、長岡を第一順位とした一万六三九九票はそこに記された第二順位に従って各々配分される。ただし、長岡を第一順位、姜を第二順位にしている票は第三順位の候補者に振り分けられる。その上、姜から配分された長岡を第二順位とする一万票は、その第三順位の候補者の票としてそれぞれ積み増される。

これからがむずかしい！　移譲③では、累計②で最下位となった青野の五万二八〇一票が解体され残る二候補に配分される。青野を第一順位とした五万二〇三三票はそこに記された第二順位に従って配分される。もちろん、青野を第一順位、長岡を第二順位としている票は第三順位に従う。ここで姜を第三順位にしていれば第四順位による。移譲①で青野が得た五六八票（姜：第一順位、青野：第二順位）は第三順位に基づき配分される。ただしここで長岡を第三順位にしていれば第四順位による。移譲②で青野に振り分けられた二〇〇票（姜：第一順位、長岡：第二順位、青野：第三順位）は、第四順位に応じて宗清か西野に配分される。

こうした複雑な票の移譲の末、累計③において過半数の九万一九八三票を得た西野が当選となる。相対的多数決投票では宗清の圧勝だった。その一方で、他の四候補に投じられた、合計で過半数を上回る票が死票になった。だが優先順位付投票制を用いると、多数決では三位だった西野が当選することもありうる。そして、死票は過半数に届かない宗清票だけにとどまる。繰り返すが、候補者三人以上から一人を選ぶ場合、相対的多数決投票は民意を反映した結果を必ずしももたらさないのである。

周知のように、イギリスでは下院議員全員が小選挙区制における相対的多数決投票によって選ばれる。ところが、二〇一一年五月五日にこれを上記の優先順位付投票制へ変更することの是非を問う国民投票が実施された。当時は保守党と自由民主党による戦後初の連立政権だった。相対多数決投票により著しい不利益を被ってきた、第三党の自由民主党の党首であったクレッグ副首相（選挙改革担当）が主導した。しかし結果は反対約六八％、賛成約三二％だった。投票率は約四一％にとどまった。二〇一六年六月二三日実施のＥＵ離脱の是非を問う国民投票の投票率は約七二％だった。

保守党党首のキャメロン首相らが反対運動を展開したことに加えて、国民の関心の低さも響いた。結果がわかりやすい現行制度に比べて、当選人の決定過程がきわめて複雑で理解に時間のかかる制度であることから、あまり関心をもたれなかったのだろう。民意の正確な反映と制度のわかりやすさの度合いは、残念ながら反比例する。

4　ボルダ投票

本稿の1で発言を引いた坂井が勧めるのがボルダ投票である。コンドルセと同じ一八世紀フランスの数学者のボルダが提案した投票ルールのことである。ボルダはコンドルセより一〇歳年長に当たる。コンドルセはボルダに強い対抗意識を抱いていた。

さて、二〇一七年総選挙での東京一〇区の候補者六人のうち上位三人の得票数は表7のとおりであった。

話を単純にするために、候補者をこの三人だけだったとし、投票人は三人の得票合計と一致する二一万九二一五人だったと仮定する。さらに、三人の候補者に対する投票人の選好順位を表8のようにしておこう。

もしこのような選好状況だった場合、鈴木隼人の当選は民意の反映として正当化できようか。七万一六八人（Ⅲ）と五万七九〇一人（Ⅳ）を合わせた一二万八〇六九人が、言い換えれば投票人の五八・四％が、鈴木隼人を最低の選好順位においているのだ。彼らの第一選好が鈴木庸介と

表 7：2017 年総選挙の東京 10 区の候補者のうち上位三人の選挙結果

	候補者名	公認政党名	得票数
当	鈴木　隼人	自民	91,146
	鈴木　庸介	立民	70,168
	若狭　　勝	希望	57,901

『政官要覧』平成 30 年秋号（2018：331）を参照して筆者作成。

表 8：3 候補に対する有権者の選好順位（仮定）

投票人グループ	Ⅰ (36,146 人)	Ⅱ (55,000 人)	Ⅲ (70,168 人)	Ⅳ (57,901 人)
第 1 選好	鈴木　隼人	鈴木　隼人	鈴木　庸介	若狭　　勝
第 2 選好	鈴木　庸介	若狭　　勝	若狭　　勝	鈴木　庸介
第 3 選好	若狭　　勝	鈴木　庸介	鈴木　隼人	鈴木　隼人

坂井（2015：12）を参照して筆者作成。

若狭勝で約六対四に割れたために、鈴木隼人が漁夫の利を得たとも考えられる。

次にペアごとの勝敗を検討してみる。鈴木隼人と鈴木庸介では、九万一一四六人（Ⅰ：三万六一四六人＋Ⅱ：五万五〇〇〇人）対一二万八〇六九人（Ⅲ：七万一六八人＋Ⅳ：五万七九〇一人）で、鈴木隼人の負けである。鈴木隼人と若狭勝のペアでも同様の結果になる。つまり、ペアごとの勝敗では最弱の候補者である鈴木隼人が、全体による相対的多数決投票では当選してしまうのである。ちなみに、鈴木隼人のようにペアごとの勝敗で他のいずれの候補者にも敗れてしまう候補者のことを「ペア敗者」という（坂井 2015：13）。

この矛盾を回避する投票のやり方をボルダは考案した。ボルダ投票ないしボルダルールとよばれる。それによれば、有権者は優先順位付投票制と同様に、候補者に対して選好順位を付けて投票する。そして、仮に候補者が三人であれば、一票につき第一選好の候補者には三点、第二選好には二点、第三選好には一点を配点する。その得点合計で最上位の候補者を当選人とするのである。上記の例で試算してみる。

鈴木隼人：(3点×9万1146) ＋ (2点×0) ＋ (1点×12万8069) ＝40万1507点

鈴木庸介：(3点×7万0168) ＋ (2点×9万4047) ＋ (1点×5万5000) ＝45万3598点

若狭勝：(3点×5万7901) ＋ (2点×12万5168) ＋ (1点×3万6146) ＝46万0185点★当選

表8の仮定で、投票人が候補者について選好順位を付けた投票をし、それをボルダルールで計算すれば、相対的多数決投票では最下位だった若狭の当選となる。候補者が増えても同じ原則で点数配分を行う。すなわち、M人の候補者がいれば、第一選好の候補者にはM点、第二選好の候補者には（M―1）点と配点していき、最下位選好の候補者には一点を与えるのである。この方式で集計し当選人を決めると、ペア敗者は決して当選しないという（坂井 2015：14）。ボルダ投票はスロヴェニアの国会議員選挙の一部で採用されている。

とはいえ、ボルダ投票では機械的な一点刻みで、支持の強弱を示せないとの反論があるかもしれない。意中の候補者一人のみを有権者が選ぶ日本やイギリスのやり方は、それを最大限に表明させる。反面、様々なデメリットやパラドクスがあることは上述してきた。そこで持ち点制を取り入れてはどうか。

仮に有権者の持ち点を一〇点として、支持の強弱に応じて持ち点を配分するのである。候補者は三人とし、それぞれ左派党、中道党、右派党の公認候補としよう。特に強い支持政党を持たない有権者であれば、一人の候補者に四点を入れ、残る二人に三点ずつを入れるだろう。ちなみに、NHK放送文化研究所が行っている政治意識月例調査で政党支持率をみると、二〇一八年では一月と二月を除いて「支持政党なし」が「第一党」である。「わからない、無回答」をこれに加えると毎月「第一党」だったことになる。

四点と三点では一点の違いしかない。しかも「支持政党なし」の有権者に支持傾向があるわけではもちろんないから、四点票は三人にほぼ均等に散らばるはずだ。すると選挙結果に及ぼす効果はなきに等しい。あるいは、支持政党はあるにしても「穏健な」比較的多数の有権者は、支持政党の候補者に五点、第二選好の政党の候補者に三点、第三選好に二点を配分するかもしれない。この「バランス感覚」も結局は相殺されて、選挙結果にさほど大きな影響は与えまい。むしろ、ある政党を強く支持する相対的少数の有権者が、支持政党の候補者に一〇点を入れてこれが当落を左右するであろう。極端な主張を掲げるポピュリスト的な候補者が登場すれば、その圧勝を後押しするビッグ・ポイントになりかねない。ボルダがそこまで考えていたかはわからないが、一点刻みのボルダ投票は政治を過熱させない制御装置になる。

表 9：2017 年総選挙の滋賀 1 区の選挙結果

	候補者名	公認政党名	獲得票数	得票率 (%)
当	大岡　敏孝	自民	84,994	47.7
	嘉田由紀子	無所属	79,724	44.7
	小坂　淑子	社民	13,483	7.6
	合　計		178,201	100

『政官要覧』平成 30 年秋号（2018 : 335）を参照して筆者作成。

表 10：3 候補に対する投票人の選好順位（仮定）

投票人グループ	第 1 選好	第 2 選好	第 3 選好
Ⅰ (80,000 人)	大岡	嘉田	小坂
Ⅱ (4,994 人)	大岡	小坂	嘉田
Ⅲ (9,724 人)	嘉田	大岡	小坂
Ⅳ (70,000 人)	嘉田	小坂	大岡
Ⅴ (10,000 人)	小坂	嘉田	大岡
Ⅵ (3,483 人)	小坂	大岡	嘉田

表 11：大岡支持の投票人が戦略的投票を行った場合（仮定）

投票人グループ	第 1 選好	第 2 選好	第 3 選好
Ⅰ (0 人)	大岡	嘉田	小坂
Ⅱ (84,994 人)	大岡	小坂	嘉田
Ⅲ (0 人)	嘉田	大岡	小坂
Ⅳ (79,724 人)	嘉田	小坂	大岡
Ⅴ (10,000 人)	小坂	嘉田	大岡
Ⅵ (3,483 人)	小坂	大岡	嘉田

井堀・土居（1998 : 216）を参照して筆者作成。

5　是認投票

有権者は必ずしも支持政党の候補者に投票しない。戦略的に次善の候補者に投票することもままある。たとえば、二〇一七年総選挙の滋賀一区の選挙結果をみると、社民党の候補者に入れた投票人の半分でも戦略的投票を行っていれば自民党候補を落選させえたのにと思ってしまう（表９）。

ところが、ボルダ投票の下で戦略的投票が展開されると思わぬ番狂わせが生じる。表10の仮定でボルダ投票により点数を集計すると、当選人は嘉田になる。嘉田は四二万七六四九点なのに対して大岡は三六万一三九六点、小坂は二八万一六一点である。

ここでは大岡の支持者のほとんどは、嘉田と小坂であれば嘉田の方が望ましいと思っている（Ⅰ＞Ⅱ）。しかし、嘉田を第二選好にしてしまうと嘉田が当選してしまうかもしれないと考えて、戦略的に第二選好を基礎票の弱い小坂に切り替えたとしよう。これに対して嘉田の支持者は全員が頑なな反自民で小坂を第二選好に全員が推すとする（表11）。

この結果をボルダルールで集計してみよう。大岡三五万一六七二点、嘉田三四万七六四九点、および小坂三六万九八八五点となり、なんと小坂が当選してしまうのである。

ボルダ投票は、有権者が当選してほしい候補者順に忠実に番号を記載することを前提にしている。そのため、その意に反して戦略的投票を行った場合、納得しがたい意外な結果となる理論的可能性を排除できない。

代案として挙げられるのが、是認投票とよばれる投票のやり方である。表4に掲げたような投票用紙を用意する。有権者は当選を是認できる候補者について、左の空欄に○印を付けるのである。いくつ付けてもよい。この例では○印の数は1から5のいずれかになる。そして、○印の数を集計して最も多くの○印を獲得した候補が当選人となる。

表4（再掲）

	宗清　皇一（自由民主党）
	青野　剛暁（日本維新の会）
	西野　弘一（無所属）
	長岡　嘉一（日本共産党）
	姜　　英紀（立憲民主党）

是認投票を使えば、戦略的投票への動機は生じえない。○印をいくつ付けてもよいのであるから、是認できない候補者にあえて○印を付けて意中の候補者の当選を助ける戦略は成り立たない。とはいえ、これでは結局単純な小選挙区制と同様に、相対多数の支持を得た者が当選することにならないだろうか。各党は自党の公認候補を確実に当選させるために、○印はその候補に一つだけ付けるようよびかけるはずだ。そうなれば、有権者の戦略的投票は封じられても、中小政党に戦略的候補者調整を行う動機を抱かせるに違いない。

おわりに

小選挙区制をより民主的にするために、本稿では四つの制度的工夫を検討してきた。二回投票制、優先順位付投票制、ボルダ投票、並びに是認投票である。もちろん、これら以外にも多くの案が提唱されているが、本稿では割愛した。四案いずれも相対的多数決投票に比べて民意は反映される。これらのうちどれがより望ましいのだろうか。

私はまず二回投票制は支持しない。考え方に反対なわけではない。当選人の決まり方がわかりやすいのは大きなメリットである。けれども、実現可能性を考えなければならない。フランスのように第一回投票のあと一週間後ないし二週間後に再び選挙を実施するのは無理なのではないか。日本は選挙の多い国である。衆議院総選挙はいつあるかわからず、参議院通常選挙は三年に一度めぐってくる。それを縫うように四年に一度、四月に統一地方選挙がある。たとえば、そこで実施される首長選に二回投票制を導入できようか。首長選には知事選と市区町村長選があるため、選挙回数ほぼ倍になるのだ。投票行動、開票作業のコストが倍加するのみならず、それぞれに期日前投票をどうするかをはじめ調整すべき課題は数知れない。加えて、是認投票も支持できない。上述のように、それはつまるところ現行の小選挙区制の焼き直しにすぎないためである。

残るのは優先順位付投票制とボルダ投票となる。ずっと自書式（有権者が投票用紙に候補者名ないし政党名を自書する）だった日本の選挙で、記号式（投票用紙に候補者名が事前印刷され有権者はマーク欄に記号を付ける）を採用するだけでも抵抗は大きい。しかも有権者にとって、番号を付ける煩わしさがのしかかるのみならず、当選人が決まるしくみも難解である。ただし、投票は一回で済むし、選好順位も表明できそれは死票の削減につながる。

導入に際して二回投票制と同じくらいの困難さはあろうが、私はこのいずれかを採用すべきだと考える。さらにどちらかと問われれば、票の解体をせずに点数で当選人が決まるボルダ投票の方がまだわかりやすいので、そちらを推したい。

付論：前稿「「民意を忠実に反映する選挙制度を！」に寄せて」（紅林編 2018）で示した私案の誤りについて

私は紅林進氏の衆議院総選挙への全国一区の非拘束名簿式比例代表併用制導入の主張（紅林2017：149-150）に対して、「非現実的」だと批判した。それに代わって、現行の総選挙の比例区におけるブロックを「合区」することで、ブロック定数の引き上げを提案した。具体的には次のとおり記した。「現行の定数を基準にすれば、北海道ブロックと東北ブロックは「北海道・東北ブロック」とすれば定数は二一になる。中国ブロックと四国ブロックを「中国・四国ブロック」とすることで定数は一七になる。これは東京ブロックと同じである。こうすれば五％程度の得票率で当選者を出せる。もちろん、全国一区に比べれば死票は増えるが、合理的死票として甘受するほかない」（紅林編 2018：135-136）。

このブロック定数は現行の小選挙区比例代表並立制のものであった。ところが、紅林氏はドイツの連邦議会選挙で実施されている小選挙区比例代表併用制の応用を提案していた（紅林 2017：151-152）。並立制では小選挙区と比例代表区で定数がそれぞれ別々に設定される。二〇一七年総選挙の場合、小選挙区は二八九、比例代表区は一七六を定数とし、合計四六五議席となる。一方、併用制は基本的には比例代表制である。全議席（二〇一七年のドイツ連邦議会選挙では五八九議席）が連邦全体での各党の得票に基づき各党に配分され、さらに各州での各党の得票に応じて各州に再配分される。こうして、各党の州ごとの議席数が決まる。

従って、並立制の「現行の定数を基準」とした私案こそ「非現実的」であった。私案を撤回するとともに、私の誤読について紅林氏にお詫びしたい。

参照・引用文献

『朝日新聞』二〇一六年六月五日付「グローブ182号〈Ｒｅ：ｓｅａｒｃｈ〉一人だけ選べと言われても　私の「票の重み」を考えた」

井堀利宏・土居丈朗（1998）『日本政治の経済分析』木鐸社。

エイトキン・D、ジンクス・B、宮崎正壽訳（1987）『オーストラリアの政治制度』勁草書房。

紅林進（2017）『民主制下での社会主義的変革』ロゴス。

――編（2018）『社会主義って何だ、疑問と討論』ロゴス。

小林良彰（2012）『政権交代』中公新書。

坂井豊貴（2015）『多数決を疑う』岩波新書。

『政官要覧』平成三〇年秋号（2018）政官要覧社。

『世界の議会　④ヨーロッパ〔Ⅱ〕』（1983ａ）ぎょうせい。

『世界の議会　⑫南米・オセアニア』（1983ｂ）ぎょうせい。

西平重喜（1981）『比例代表制』中公新書。

――（1990）『統計でみた選挙のしくみ』講談社ブルーバックス。

John S. Dryzek and Patrick Dunleavy (2009). *Theories of the Democratic State*, Palgrave Macmillan.

あとがき

選挙制度は議会制民主主義の要であるにもかかわらず、一般の人びとの関心は薄い。選挙自体には一喜一憂しても、あるいは自ら関わっても、選挙制度自体に目を向け、それを変えようと積極的に活動する人は少ない。

しかし民意を正しく反映しない、歪められた選挙制度をそのままにしておいては、なかなか政治も変わらない。しかもこの選挙制度の変革を政治家だけに任せておいたのでは、彼らは、その制度の下で当選してきているので、本気で改革しようとはしない。特に小選挙区制は、与野党を問わず、大政党にとって都合のよい制度であり、彼らはそれを変えようとはしない。ならば市民が声を上げて、その改革を迫ってゆくほかない。高額な供託金による立候補権の制限も過度の選挙運動規制も主権者たる市民の参政権を制約するものであり、なくす必要がある。

幸いそのための市民の側の動きや運動もこの間起ってきた。高額な供託金については、本書執筆者の宇都宮健児弁護士を弁護団長として違憲訴訟が闘われている。宇都宮氏は、二度の都知事選を闘う中で、供託金や公職選挙法の問題、矛盾を痛感したという。なお宇都宮氏が都知事選に出馬した際には、私も選挙運動を手伝い、現在も宇都宮氏が代表を務める「希望のまち東京をつくる会」に私も関わっている。

選挙制度や公職選挙法自体の問題については、本書でも触れたように、「公正・平等な選挙改革にとりくむプロジェクト（とりプロ）」が、「選挙市民審議会」を作って選挙制度改革の対案作りを行っているが、本書執筆者の田中久雄氏もその審議委員の一人である。田中氏は「変えよう選挙制度の会」代表として、選挙制度改革の必要性を市民レベルで伝える活動を行っている。西川伸一氏は政治学者として、選挙制度などの政治制度の問題を専門的に研究されてきた。また私も関わっている「社会主義理論学会」の共同代表もされている。

なお宇都宮、西川の両氏には、拙著『民主制の下での社会主義的変革』（ロゴス）に対する書評やコメントを集めた、拙編『社会主義って何だ、疑問と討論』（ロゴス）にも執筆いただいた。

本書は三月に出版する予定であったが、他の三名の方々は早々と原稿を出されたにもかかわらず、原稿をお願いした私の遅筆ゆえに出版が遅れたことをお詫びしたい（掲載は五〇音順）。

本書が出版される頃、五月二四日には、「供託金違憲訴訟」の東京地裁における一審判決が出される。まさに市民の権理である立候補権に対する司法の判断が問われている。

最後に、本書の出版をご提案いただき、私の原稿の遅れにもかかわらず、懇切丁寧にブックレットに仕上げていただいたロゴスの村岡到氏に感謝する。村岡氏には、選挙や政治の問題について大いに教えられるところがあり、それも併せて感謝したい。

二〇一九年五月一日　メーデー

紅林　進

編者
紅林　進　くればやし・すすむ　1950 年生まれ　フリーライター
著『民主制の下での社会主義的変革』ロゴス、2017 年
編『社会主義って何だ、疑問と討論』ロゴス、2018 年
筆者
宇都宮健児　うつのみや・けんじ　1946 年生まれ　元日本弁護士連合会会長
田中久雄　たなか・ひさお　変えよう選挙制度の会代表
西川伸一　にしかわ・しんいち　1961 年生まれ　明治大学政治経済学部教授

変えよう！選挙制度——小選挙区制廃止、立候補権・選挙運動権を

2019 年 5 月 15 日　初版第 1 刷発行

編　者　紅林 進
発行人　入村康治
装　幀　入村 環
発行所　ロゴス
〒 113-0033　東京都文京区本郷 2-6-11
TEL 03-5840-8525　FAX 03-5840-8544
URL http://logos-ui.org
印刷／製本　株式会社 Sun Fuerza

定価はカバーに表示してあります。 ISBN978-4-904350-61-4　C0031

ブックレットロゴス

ブックレットロゴス No. 1　村岡 到 編

閉塞を破る希望——村岡社会主義論への批評　142 頁・1500 円+税

ブックレットロゴス No. 2　斎藤旦弘 著

原点としての東京大空襲——明日の世代に遺すもの　110 頁・1000 円+税

ブックレットロゴス No. 4　村岡 到 著

閉塞時代に挑む——生存権・憲法・社会主義　111 頁・1000 円+税

ブックレットロゴス No. 6　村岡 到 編　西尾 漠・相沢一正・矢崎栄司

脱原発の思想と活動——原発文化を打破する　108 頁・1000 円+税

ブックレットロゴス No. 7　岡田 進 著

青春 70 歳 ACT——ソ連論と未来社会論をめぐって　124 頁・1200 円+税

ブックレットロゴス No. 8　村岡 到 編

活憲左派——市民運動・労働組合運動・選挙　124 頁・1100 円+税

ブックレットロゴス No. 9　村岡 到 編　河合弘之・高見圭司・三上治

2014 年 都知事選挙の教訓　124 頁・1100 円+税

ブックレットロゴス No.10　岡田 進 著

ロシアでの討論——ソ連論と未来社会論をめぐって　132 頁・1200 円+税

ブックレットロゴス No.11　望月喜市 著

日ソ平和条約締結への活路——北方領土の解決策　124 頁・1100 円+税

ブックレットロゴス No.12　村岡 到 編　澤藤統郎・西川伸一・鈴木富雄

壊憲か、活憲か　124 頁・1100 円+税

ブックレットロゴス No.13　村岡到 編　大内秀明・久保隆・千石好郎・武田信照

マルクスの業績と限界　124 頁・1000 円+税